网游沉溺机制研究

冀付军 ◎ 著

首都经济贸易大学出版社
Capital University of Economics and Business Press

·北京·

图书在版编目（CIP）数据

网游沉溺机制研究/冀付军著. --北京：首都经济贸易大学出版社，2022.9
ISBN 978-7-5638-3386-3

Ⅰ.①网… Ⅱ.①冀… Ⅲ.①网络游戏—影响—青少年—研究 Ⅳ.①C913.5

中国版本图书馆 CIP 数据核字（2022）第 140899 号

网游沉溺机制研究
冀付军 著
WANGYOU CHENNI JIZHI YANJIU

责任编辑	杨丹璇
封面设计	砚祥志远·激光照排 TEL:010-65976003
出版发行	首都经济贸易大学出版社
地　　址	北京市朝阳区红庙（邮编 100026）
电　　话	（010）65976483　65065761　65071505（传真）
网　　址	http://www.sjmcb.com
E - mail	publish@ cueb.edu.cn
经　　销	全国新华书店
照　　排	北京砚祥志远激光照排技术有限公司
印　　刷	北京建宏印刷有限公司
成品尺寸	170 毫米×240 毫米　1/16
字　　数	208 千字
印　　张	11.25
版　　次	2022 年 9 月第 1 版　2022 年 9 月第 1 次印刷
书　　号	ISBN 978-7-5638-3386-3
定　　价	45.00 元

图书印装若有质量问题，本社负责调换
版权所有　侵权必究

前　言

近年来，我国网络游戏产业在快速发展的同时也出现了一些突出问题，特别是未成年人沉迷网络游戏（网游）问题引起了社会广泛的关切，广大家长反应强烈。国家新闻出版署高度重视防止未成年人沉迷网络游戏工作，于2019年印发了《关于防止未成年人沉迷网络游戏的通知》，采取一系列举措办法，包括建成国家新闻出版署网络游戏防沉迷实名验证系统并实现合规上线运营游戏全部接入，为深入推进防沉迷工作打下了基础。针对青少年沉溺网络游戏等问题，国家新闻出版署出台《关于进一步严格管理 切实防止未成年人沉迷网络游戏的通知》，得到人民群众的广泛支持。这些都说明了国家对网游问题的重视。当前网游沉溺巨吸力特征日益凸显，网游沉溺巨吸力究竟从何而来？如何破解青少年沉溺网游的问题？网游究竟存在怎样的沉溺机制？能否利用巨吸力来解决学生厌学或软件用户黏性问题？这些问题都成为本研究的缘起。

网游沉溺机制是一个中性的客观存在，存在于网游本身的载体之中，其实质是网游和玩家的交互机制，所以也可称为网游交互机制。本研究为了强调网游可能会带来的沉溺后果，称之为网游沉溺机制。本研究认为网游巨吸力来源于网游沉溺机制，研究探讨了网游沉溺机制的概念，界定了网游沉溺机制研究相关术语，综述了网游沉溺机制的研究现状，分析了网游研究的四个流派及其贡献，从如何进行软件工程设计或传播设计来增强用户黏性的独特视角对网游沉溺机制及其正向应用和反向应用进行了相关研究。课题组自2013年开始历经多年，在亲身体验、文献及案例调研、玩家访谈的基础上，经过对典型网游自身特点和规律的不断归纳总结、抽象升华，最终整理提出网游沉溺十大机制理论，包括主角虚拟机制、场景转换机制、升级冷却机制、公会团队机制、战斗交际机制、奖励悬赏机制、财时交换机制、新老融入机制、公平透明机制和开放发展机制。本研究针对每个机制给出了理论和实践支撑，研究了网游沉溺过程模型和沉溺条件，最后探讨了如何正向应用网游沉溺机制来解决学生厌学问题和用户黏性问题，如何反向应用网游沉溺机制来建立沉浸类软件防沉溺国家标准的思路，国家之后相关防网游沉溺政策的出台则在一定程度上反映了本思路的有益性。

本研究为国家社会科学基金项目（13CXW057）的后续研究成果，在此特别感谢首都经济贸易大学管理工程学院的出版资助支持；同时非常感谢全体课题组成员的辛苦工作，尤其是高凤娟和李凤娇同学的国外文献翻译工作和调查问卷调研工作。在本书修改出版过程中，得到了奚少佳、刘宇铎、程俊涛、屈家正、郭惠敏、石晓东和刘则利等同学的帮助，在此表示感谢。感谢首都经济贸易大学出版社杨玲社长和彭芳编审的大力支持。最后，特别感谢为本书的修改给出宝贵意见和建议的教授和专家，包括北京师范大学的何克抗教授、清华大学的王建民教授、中国人民大学的杜小勇教授、北京大学的高军教授和首都师范大学的王陆教授！非常感谢！

目录 CONTENTS

第一章 网游沉溺情况调研 ... 1
    第一节 绪论 ... 1
    第二节 网游沉溺现象的特征 ... 3
    第三节 网游沉溺与沉浸体验 ... 8
    第四节 国家防网游沉溺 ... 10
    第五节 网游沉溺源于沉溺机制 ... 12
    第六节 网游沉溺机制研究方法及其数据 ... 14

第二章 网游沉溺机制文献综述研究 ... 27
    第一节 网游沉溺机制概述 ... 27
    第二节 网游现状调研 ... 28
    第三节 网游沉溺机制调研 ... 55
    第四节 网游沉溺机制机理研究 ... 57

第三章 网游沉溺机制理论研究 ... 61
    第一节 网游沉溺十大机制 ... 61
    第二节 网游沉溺过程研究 ... 75
    第三节 网游沉溺条件研究 ... 80
    第四节 网游沉溺理论研究 ... 82
    第五节 网游沉溺实践研究 ... 91

第四章 网游沉溺机制引发的探讨 ... 100
    第一节 探讨解决学生厌学问题 ... 101
    第二节 探讨解决用户黏性问题 ... 111

第三节　探讨解决网游社会事件 ··· 118

第四节　探讨出台国家防沉溺标准 ··· 127

第五章　网游沉溺机制研究结论与展望 ··· 131

附录1：网游案件集 ··· 133

附录2：网游教育借鉴问卷 ··· 149

附录3：网游交互机制与高校教育结合点问卷调查 ························· 153

参考文献 ·· 156

第一章 网游沉溺情况调研

第一节 绪论

关于网络游戏的好坏，众说纷纭、评价不一。有人说，玩网络游戏三年，智商下降10%。也有人说，网游就是安徒生童话里小女孩手中的火柴，能够给人虚拟的幸福，游戏让世界更美好。还有人说，网游的危害十倍于毒品，不良网游的快速发展应该受到指责。有研究证明，网络游戏成瘾所导致的行为与酒精（或毒品）成瘾的行为类似。也有研究认为，网游是一切娱乐当中最完美的娱乐形式，代表着创造性娱乐的发展方向，最具有高性价比的娱乐发展方向，以及绿色、可持续的节约型的娱乐发展方向。

英国小说家、散文家、博物学家奥尔德斯·赫胥黎（Aldous Huxley，1894—1963）曾在其科幻小说《美丽新世界》中预言，人们将由于享乐而失去自由，被自己所热爱的东西毁灭。而美国媒体文化研究者和批评家尼尔·波兹曼则通过著作《娱乐至死》确认了这一预言，认为网游的世界是这种"娱乐"泛化的极致表现。

到底是什么网游？网游在我国的发展如何？

目前比较一致的看法是，网游即网络游戏，与单机游戏相对，用户必须通过网络才能进行游戏活动。网络游戏按照架构又可分为CS版和BS版，其中CS版需要客户机和服务器都安装相应的游戏程序，而BS版只需要在服务器安装程序，用户可以使用浏览器直接登录游戏进行玩耍，此种方式不需要最终用户进行游戏安装操作，因此更易获得用户青睐。因为BS版网络游戏是通过网页进行游戏活动的，所以又称为网页游戏，简称页游，英文为webgame，又称无端网游，是基于浏览器的网络在线多人互动游戏，无须考虑机器配置，打开网页即可开始游戏。页游因其免游戏安装的便捷性极易被用户接受，所以很快成为当前网络游戏中的主力部分。

2001年7月，上海盛大网络公司引入韩国大型在线游戏《传奇》，揭开了我国网游时代的序幕，低门槛的游戏代理长时间以来成了国内游戏公司进行前期资金积累的法宝。

2005年,九城凭借高价拿下《魔兽世界》这款世界级大作,稳稳跻身一线厂商集团。之后久游在《劲舞团》事件上的被动及九城沦为"暴雪网管"的尴尬让国内公司命悬一线。国内绝大多数厂商形成共识:要自主研发可完全掌控的国产网游,尽量减少代理韩、日、欧、美同质化严重的游戏。随着竞争的加剧,网游行业已经成为一个高投资、高风险的行业,一个知名网络游戏的代理费都超过千万美元,而厂商之间对人才的巨大需求又使得人才流失这一现象变得非常严重。只有通过上市募集大量资金,网游企业才可能在未来的竞争中获得更多优势,应对来自竞争对手的强大压力,这成为网游公司急于上市的根本原因。众多游戏公司的上市标志着整个中国网游行业开始走向成熟与繁荣。

2015年,中国游戏市场实际销售收入达到1407亿元,是电影市场的3.3倍,但同比增长22.9%,仅为电影市场的1/2。游戏产业发展放缓明显,资本减少投入游戏产业。有业内人士表示,接近50%的游戏企业未来可能被淘汰。然而,5年前版权转让费仅为500万元的《古剑奇谭》,在5年后以1亿元成交,又令业内对即将到来的这场"硬战"充满信心。2014年,全球移动游戏收入规模为245亿美元,2015年则达到301亿美元。《2015年全球移动游戏产业白皮书》显示,亚太地区仍是全球手机游戏(手游)业产值最高的地区,中国2015年产业收入达65亿美元,超过收入60亿美元的美国和62亿美元的日本。然而,2015年进入全球iOS和Google Play平台的发行商收入前10名的12家发行商中,日本有5家,中国仅有1家。2015年国内移动游戏从业团队从上半年的2.77万家锐减至1万余家。尽管如此,中国游戏产业仍高速发展,游戏产业的前景依然被看好。2016年1月份21款国产游戏过审,其中移动游戏占比最重。

网游沉溺巨吸力造成玩家成瘾,会导致各种问题,例如学生辍学、破坏友谊和家庭关系、青少年犯罪甚至自杀。过度的网络社交可能是形成网瘾的原因之一,而社交网络成瘾通常的结果是低的工作效率,因为员工花费大量的时间在Facebook、Twitter或者类似的网站。

综上可见,不管是对网游的不同看法还是网游的发展和影响,都反映了一个事实,那就是网游沉溺巨吸力已经在世界范围内呈现并开始稳定发展。

第二节 网游沉溺现象的特征

一、网游沉溺巨吸力呈现

近年来，网游沉溺巨吸力在我国已经呈现，主要表现为两个方面：一是网游已经成为互联网第一吸金利器，网游玩家已经占网民总体的一半以上；二是网游沉溺巨吸力已经导致伤害，引发社会问题，当前沉溺网游的主体年轻化、地域普遍化、时间超长化、社会影响大、厌学占比大的特征日益凸显，这些都是网游沉溺巨吸力呈现的具体现象。

根据2015年中国互联网络信息中心（CNNIC）发布的第35次《中国互联网络发展状况统计报告》，截至2014年12月，我国网民规模达6.49亿人，全年共计新增网民3 117万人。其中网游用户规模达到3.66亿人，占网民总体的56.4%，网民使用率从2013年的54.7%升至56.4%，增长规模达2 782万人。这表明网游已成为大部分网民生活中必不可少的组成部分。网络游戏惊险刺激、代入感强以及其社交属性，能够满足网民的各种精神需求。

网游巨大的吸金能力日益凸显。根据文化部发布的《2014年中国网游市场年度报告》，2014年中国网游市场整体销售收入为1 062.1亿元人民币，首次突破千亿元大关，几乎相当于天津市1996年的地区生产总值。网游规模及其巨大的吸金能力可见一斑。而伴随网游沉溺巨吸力而来的网游犯罪、杀人、猝死、辍学、自杀或卖器官等事件屡见不鲜，影响恶劣。网游沉溺问题作为全球普遍问题越来越得到世界各国的重视。例如，有的国家将网游作为校园暴力观察路径模型的一个新的风险因素，有的国家开始研究大规模用户网游沉溺的装备发展及其合法性，还有的国家开始建立网游沉溺风险因素的层级模型。网游沉溺主体年轻化、社会影响大等特征日益凸显，学生厌学问题日益普遍，网游沉溺巨吸力已经呈现。

二、年轻人是网游沉溺的主要对象

据统计，截至2014年12月，中国拥有6.49亿网民，青少年网民到2013年底达到2.56亿。《第七次未成年人互联网运用状况调查报告》显示，城市小学一年级至高中未成年人使用互联网的比例达到92.9%，农村（乡镇）中小学生也有80.2%曾接触网络，远高于我国网民的总体触网率。网络的普及和未成年网民的剧增让未成年人上网成瘾从最初的特殊社会问题演变成为普遍性的社会问题。有数据显示，到2013年底，我国青少年网瘾患者保守计算在4 000万人左右，网游沉溺主体年轻化趋势日益明显。

国外也有类似的趋势。日本《产经新闻》2013年8月1日报道，日本厚生劳动省研究小组对约10万名日本中学生调查的结果显示，高度沉迷网络已属"病态"的学生增至8.1%。据此推算，日本国内沉迷网络的中学生达51.8万人。而在巴西，一名13岁的少年沉溺网络暴力游戏，杀害全家后自杀。德国2004年的调查显示，在12岁至19岁的青少年中，53%的人经常上网，45%的青少年在网上碰到过色情内容。

国外研究也验证了网游沉溺主吸年轻人的说法。MMORPG（大型多玩家在线角色扮演游戏）利用连接无障碍性和个人电脑的图像处理能力这两个特点，成为网上最流行的游戏类型之一，拥有大量的不同年龄段的玩家。2010年，一款非常流行的MMORPG——《魔兽世界》（WOW）拥有超过12万的用户，以48.9%的市场份额成为当时世界上最受欢迎的MMORPG。许多其他的MMORPG，如《城市英雄》（7.6%的市场份额）、《网络创世纪》（4.5%的市场份额）、《无尽的任务》（4.1%的市场份额）和《天堂2》（3.8%的市场份额），也非常受游戏玩家的欢迎。人们对这些风靡全球的网络游戏的玩家进行了调查，结果表明，近一半的MMORPG玩家是学生。研究表明，青少年比成年人更容易对MMORPG上瘾，因为他们的自我控制能力较弱，对MMORPG的功能更加好奇，MMORPG成瘾的平均年龄是20岁。

对于网游沉溺主吸年轻人的原因，我国部分专家给出了一些自己的看法。

北京邮电大学国际关系学院院长李欲晓认为，由于未成年人正处于成长过程当中，生理、心理、社会经验等各个方面还非常不成熟，因此更容易发生网游沉溺。他们需要特殊保护和优先保护，要让他们更好地、更健康地使用网络，而不是让他们远离网络。北京军区总医院医学成瘾科的陶然是国内研究网瘾的领军人物，他制定的网瘾治疗标准也被国际采纳。在陶然看来，如此庞大的网瘾青少年群体的形成和家庭、学校、社会都有关系。首先，家长的疏忽给了网络侵入青少年正常生活的空隙。其次，每当孩子出现网络成瘾状况时，学校未能给予更多的关心和理解。再次，国家的监管力度小，导致很多规定都"浮于纸面"。最后，互联网企业都在快速发展，但是没有承担起相应的责任。对此，陶然从政府监管、游戏分级、网吧管理、假期活动和网瘾治疗等方面给出了自己的意见。《中国游戏绿色度测评统计报告》显示，测评的856款网络游戏中，成人游戏有638款，占74.5%；适合未成年人使用的游戏仅有218款，占25.5%；161款网游中，花钱就可以消除因游戏里"杀人"而形成的罪恶值；286款网游存在开宝箱、抽奖等带有博彩性质的设置。尽管网游以成人游戏为主，网游沉溺的主体却是青少年。

三、网游沉溺巨吸力影响社会

网游沉溺巨吸力对社会的影响巨大,下面主要从点和面两个方面分别阐述一下网游沉溺巨吸力的力量体现。

点的方面是指具体的网游玩家被网游沉溺巨吸力俘获,不能摆脱,从而造成对自身或家人的巨大影响。这方面的例子数不胜数,如"大学生沉溺网游无法毕业"(《武汉晨报》2012年10月28日),"沉溺网游男子卖肾买装备"(《钱江晚报》2012年5月17日),"妻子沉溺网游丈夫离婚"(http://www.duouoo.com/gamenews/102/428.htm),"沉迷网游饿死亲生儿"(http://tieba.baidu.com/f?kz=1446377987),"清明节母亲从网吧拽出儿子后母子相继投江"和"城管科长沉迷网游花超1 500万元因贪污受贿获刑"等。网游沉溺巨吸力可见一斑。这些都是点的方面造成的影响,虽然影响的是个体家庭,然而其社会影响却是深远的,不容小觑。

如果说点的危害是对个别家庭的危害,那么网游沉溺造成的面的影响就是面向全体大众的了。从面上来看,网民规模巨大,学生群体占比最高。中国网民数和互联网普及率如图1-1所示。

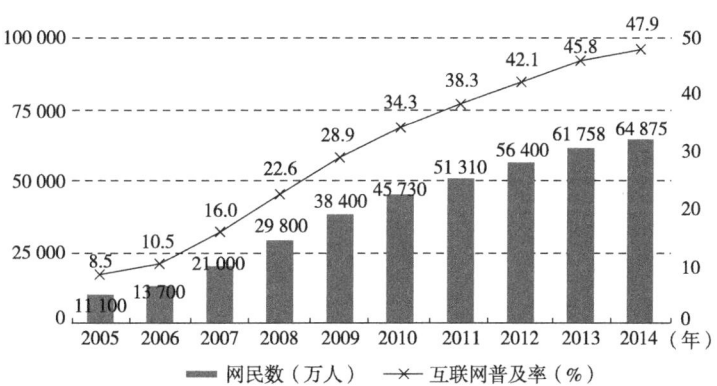

图1-1 中国网民规模和互联网普及率
资料来源:CNNIC中国互联网络发展状况统计调查(2014年12月)。

根据2015年1月中国互联网络信息中心(CNNIC)发布的第35次《中国互联网络发展状况统计报告》,2005年到2014年这10年间,中国网民数增加近5.4亿人,互联网普及率增加近40%。从网民的年龄结构看,我国网民以10~39岁年龄段为主要群体,比例合计达78.1%。其中20~29岁年龄段的网民占比最高,达31.5%。从中国网民职业结构看,中学生群体占比最高,为23.8%；其次为个体户/自由职业者，比例为23.3%。20岁左右的大学生在网民规模中占有一定的比重。此外，统计发现本科及以上学历的人对网络依赖的程度达63.9%。由大学生使用网络人数之多、对网络依赖程度之高可以断定，网络已成为大学生"必不可少"的生活要素。

其他地方也有类似的情况。林黄远（LIN HUNG - YUAN）和蒋其先（CHIANG CHI-HSIAN）研究制作了一份调查问卷，收集了中国台湾地区大学生和应届毕业生的相关数据。在线游戏玩家的数据大多数是从大学课堂、毕业生休闲会议、在线游戏论坛和小组会议中收集到的。根据中国台湾地区市场情报与咨询研究所的调查（2009年），在线游戏玩家大多数为学生。因此，大学生和应届毕业生被选为研究参与者。这项研究采取了随机抽样的方法，在原始样本中，一共有466人参加，研究得到了303个有效样本（65%）。这些参与者主要是来自大学、大专院校的学生和一些应届毕业生。在提供了有效数据的303个参与者中，57.8%为男性（$n=175$），42.2%为女性（$n=128$）。在年龄分布方面，大多数都在20岁以下（49.5%，$n=150$），37.6%（$n=114$）的参与者年龄在21~25岁，3.6%（$n=11$）的参与者年龄在26~30岁，5.3%（$n=16$）的参与者年龄在31~35岁，3.6%（$n=11$）的参与者年龄在36~40岁，0.4%（$n=1$）的参与者年龄超过了41岁。参与者的职业状况为：89.1%的人是学生，10.9%的人是应届毕业生。他们每天的平均在线时长状况为：4%（$n=12$）时长少于一个小时，34.7%（$n=105$）花费1~3个小时，26.7%（$n=81$）花费4~5个小时，13.5%（$n=41$）花费6~7个小时，11.2%（$n=34$）花费8~9个小时，9.9%（$n=30$）花费10个小时以上。由此可见，96%的玩家每天平均在线时长都在1个小时以上，61.3%的玩家每天平均在线时长都在4个小时以上，每天平均在线时长和人数比例都是网游沉溺巨吸力产生影响的标志性数字。

网游对面的影响，不仅包括对网民大众的精神带来的伤害，甚至还包括网游装备的法律问题，后者已成为新时代网游的新问题，如网游装备可投保最高获赔3万元（相关立法仍空白）。通过对几位专家的访谈，也可以看出网游沉溺巨吸力在面上对社会的影响，如与《网络游戏忧思录》作者张春良的对话、对网瘾专家陶宏开的访谈等。另外，北京师范大学沈绮云教授主持的互联网网络游戏影响调研推算指出，北京市有近22万名中学生在玩网络游戏。在中学生玩得最多的13款游戏当中，排在第一位的是警匪游戏《反恐精英》，玩过这款游戏的人数比例居然高达86%。在被调查的中学生当中，认为自己因玩游戏而性情变得暴躁的达27%，认为玩游戏与校园暴力相关的达29%。课题组认为，网络上的暴力互动游戏会引发青少年的冲动。这次调查算得上是我国第一次在未成年人中间进行的网络游戏问题专项调查。

这些数据均从一定程度上反映了网游沉溺巨吸力的影响问题,其广度和深度应当引起高度关注。

四、网游沉溺地域普遍化

网游沉溺不仅仅在中国存在,全球都有网游沉溺的案例。在全球网瘾国家排名中,中国仅排在第十位。研究显示,巴西人上网最为频繁,紧随其后的是尼日利亚人和南非人。

商业顾问机构 A. T. Kearney 的一份调查显示,有 51% 的巴西网民称自己"整天在网上",20% 的人说自己每天至少上 10 次网。

社交网络促进了网络使用量的增长。在巴西,受访者把上网时间中的 58% 都花在了社交网站上,该比例高于其他任何一个国家。每小时至少上一次网的人数比例如图 1-2 所示,花在社交网络、娱乐和购物上的时间百分比结果如图 1-3 所示。

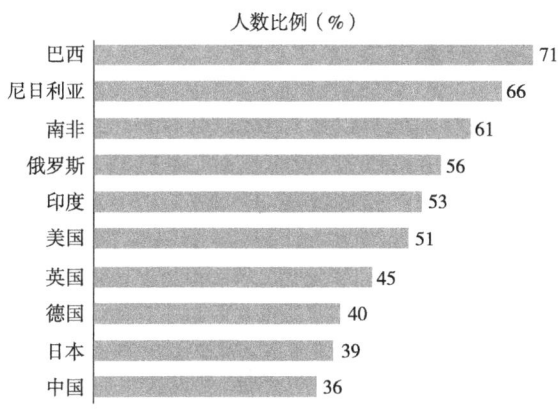

图 1-2 每小时至少上一次网的人数比例

新加坡的一项研究指出,根据 2010 年一个关于美国在线用户行为的调查,用户平均每天花费 23% 的时间在社交网络上,花费 10% 的时间在网络游戏上;2010 年每个月有超过 9 亿小时被花费在社交网络或者博客上。到 2010 年 7 月,Facebook 每个月有超过 60 亿个活跃用户。Twitter、Myspace、Nexopia 和人人这些相似的网站在全球范围内也非常流行。到 2007 年,在线网络游戏玩家已经达到 2.17 亿个,占全部网络用户的 28%。除此之外,女性玩家的数量也在不断增加。由此可见,社交网络和在线游戏已经成为所有互联网用户的主要活动。网瘾流行于许多国家,包括中国、韩国、越南、日本、美国和加拿大。由此可见,网游沉溺在世界上呈现普遍化趋势。

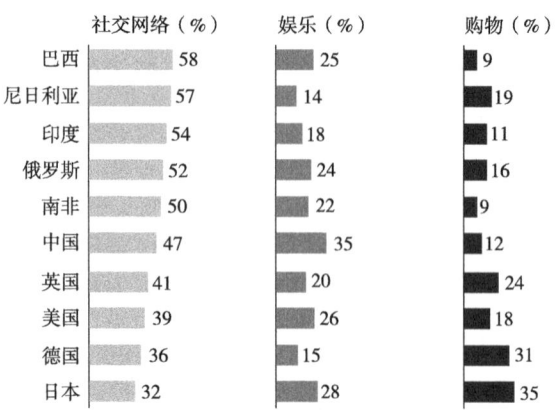

图1-3 花在社交网络、娱乐和购物上的时间百分比

第三节 网游沉溺与沉浸体验

一、用户黏性和网游沉溺

网游沉溺巨吸力来源于网游沉溺机制,如果能抓住网游沉溺机制机理进行研究,从软件设计分析角度借鉴网游沉溺机制机理增强用户黏性,那将是非常理想的事情。当前,用户黏性是软件工程人机融合中非常重要的研究课题,也是衡量用户忠诚度的重要指标。虚拟现实(VR)和增强现实(AR)软件之所以非常流行,其原因在于它提高了用户的沉浸式体验。从软件设计的角度来看,如何设计沉浸式软件让用户沉浸其中、乐在其中,是人机融合中非常重要的话题。如果能够把网游沉溺机制机理研究透彻,将能够为软件工程人机融合、沉浸式软件研发、增强用户黏性提供借鉴,这也成为网游沉溺机制研究的重要原因之一。

下面具体介绍人机融合用户黏性和沉浸式的相关知识及对网游沉溺机制应用的需求。

从第三届中国机器人峰会主题——"人机融合,让机器人更智能"可以看出,人机融合顺应全球趋势,不断朝着智能化方向发展。所谓用户黏性,指的是用户对于软件或产品的忠诚、信任与良性体验等结合起来形成的依赖感和再消费期望值。依赖感越强、再消费期望值越高,用户黏性越强。

沉浸式理论基础源于语言教学实践,其中一种国际流行多年并有许多成功范例的语言培训方法为沉浸式外语培训模式(total immersion experience English,TIE),其理论根据是在一个相对封闭的环境中要求学生衣食住行全方位、全时间段只能使用目标语言，从而阻断母语干扰，在短时间内形成目标语言的思维习惯，达到灵活运用该语言的目的。目前，在《iPhone 人机界面指南》或 Windows8 报道时经常出现"沉浸式"相关词语，如"沉浸式程序""沉浸式 UI""沉浸式网页""沉浸式导航"等。那么，何谓沉浸，或者说何谓沉浸式体验？

沉浸就是让人专注在当前的目标（由设计者营造）情境下感到愉悦和满足，而忘记真实世界的情境，往往使用心流（flow）理论来对沉浸进行解释。心流理论的基础观点非常简单，但是非常有力地解释了人们废寝忘食地投入一件事情的状态。心流理论的核心就是说人在技能与挑战匹配时才能达到心流状态。如果太难，会容易放弃，并且会越来越焦虑，而感受不到本身过程中应有的乐趣和满足。而如果太简单，则会感觉到无聊，也会迅速放弃。心流体验是人的最优体验，心流能改变人对真实时间的感知能力。

沉浸式体验往往既包括人的感官体验又包括人的认知体验。游乐场的很多活动对人有一定的挑战性，主要利用人的感官体验，让人感到刺激。但利用感官刺激达到的心流状态很难长久维持。下棋、扫雷等策略游戏和教学这些活动使人的技能与挑战匹配，主要利用人的认知经验。而事实证明，既包含丰富的感官经验又包含丰富的认知体验的活动才能创造最令人投入的心流。

因此，网游沉溺巨吸力对于沉浸式软件的设计开发具有相当大的意义。比如，给出用户体验过程中的明确目标、对用户的交互行为有即时反馈（让用户感觉任何互动都有回应，并且是在可接受的时间范围内）以及能力与挑战匹配（需要给予用户一些困难，但又不能太难，应该是用户努力就可以解决的困难）。可以考虑借鉴网游沉溺机制，在用户行动与知觉的融合、用户对活动的主控感、对时间的感知方面进行沉浸式设计，以便取得最好的用户黏性效果。

二、学生厌学和网游沉溺

网游沉溺导致玩家深陷其中不能自拔，甚至为了继续玩网游，不惜铤而走险和犯罪。那么对于这些玩家而言，网游为什么具有那么大的吸引力呢？此外，学生厌学似乎有扩大的趋势。越来越普遍的网游沉溺现象和学生厌学现象形成了鲜明的对比。

从大学生到小学生，厌学现象相当普遍，主要表现在对学习感到乏味、注意力不集中、消沉、不安、逃学、懒学并想辍学。厌学现象的存在，不仅直接影响学生的学业和成长，而且也严重阻碍了教学工作的顺利开展。

例如，大学生是一类特殊的网游玩家，他们有充足的时间并且对新的事物充满好奇，是网游玩家的主力军。不可否认，网游在一定程度上能够提高大学生的反应能力和交际能力，缓解大学生焦躁、压抑等负面情绪。但是，沉溺于网游对大学生生活、学习以及人际关系所造成的负面影响更为显著。大学生因沉溺于网游而挂科、退学等现象屡见不鲜，有人甚至因为长时间玩网游而猝死。

2014年，有一些外国专家谈中国青少年沉迷网游问题时，认为都是教育的错。外媒"Games In Asia"专栏作家艾恩·加内尔（Iain Garner）在其所写的文章《中国的教育与瘾》中提出两个观点：其一，中国青少年游戏上瘾现象真实存在，且具有危险性；其二，中国病态的教育制度才是这个问题的根源所在。加内尔认为，中国的教育体系极其残酷，学业负担太重，让学生精疲力竭，并且具有破坏性。

加内尔将网游沉溺的罪责全部推给教育系统。这有些言过其实，笔者不敢苟同，例如很多已经离开学校走上工作岗位的玩家也会沉溺于网游，那么是否要把罪责推给工作单位体系呢？然而，加内尔的一些说法也不是完全没有道理，比如对于兴趣班的看法，父母代替孩子选择兴趣班，确实有些越位，也忽略了孩子真正的兴趣所在。加内尔的言论虽然过激，但是却反映了当前学校对于学生学习兴趣的关注和培养严重不够的事实，而对于孩子学习兴趣的培养，却不仅仅是学校教育的事，也是家庭教育和社会教育的事。但是学校教育是主课堂，如果能够将网游沉溺机制迁移到教育等领域，进行教育试点改革，将网游中让人欲罢不能的网游沉溺机制转化为教育学习动机激发机制，就可以从根本上解决学生厌学的问题，极大地激发学生学习兴趣，将更多的学生从网游争取到学习中来。因此，研究网游沉溺机制的同时对网游化教学模式进行探索，补齐当代教育模式在吸引性、激励性方面存在的短板，使教育更具有吸引力、激励性，显得尤为重要。网游沉溺机制究竟是怎么吸引玩家的？这个问题成为将网游沉溺机制借鉴到教育等领域之前的核心关键问题，解决该问题之后即可研究如何提供全新的系统化策略来激发学习动机，以弥补原有学习动机方面的不足。同时，以某具体学科学习领域为个例，将这种全新的学习策略和体验逐步扩大到其他学科的学习，最终服务于学生学习兴趣的极大提高，可以为解决学生厌学问题提供思路范式。

第四节 国家防网游沉溺

尽管国家基于防沉迷的需求，针对网游沉溺现象出台了防沉迷的相关政策和开发了防沉迷系统,但是,由于缺乏网游防沉溺的国家控制标准,防沉迷系统仅仅对时长收益做了限定,未能全方位对网游沉迷情况进行限制。而国家控制标准缺失的主要原因在于对网游沉溺机制的认识不够全面和系统。因此,如果能够研究透彻网游沉溺机制,并反向应用此网游沉溺机制,来探讨制定沉浸式软件(含网游)开发的防沉迷国家标准,就可极大减少网游沉溺引发的社会事件,这正是网游沉溺巨吸力之反向应用需求。

为了保护玩家及其家庭,避免一个个网游沉溺社会悲剧的发生,国家层面做了诸多努力。2007年3月12日,新闻出版总署、中央文明办、教育部、公安部等八部委颁布《关于保护未成年人身心健康 实施网络游戏防沉迷系统的通知》,宣布自2007年4月15日开始在全国的网络游戏中推广网络游戏防沉迷系统,其中4月15日至6月15日为国内各网络游戏厂商在原有网络游戏中开发防沉迷系统的时间,6月15日至7月15日为系统测试时间,而从7月16日开始必须正式投入使用。《网络游戏防沉迷系统开发标准》的核心内容是:未成年人累计3小时以内的游戏时间为"健康"游戏时间,超过3小时后的2小时游戏时间为"疲劳"时间,在此时间段,获得的游戏收益将减半。如累计游戏时间超过5小时("不健康"游戏时间),收益将降为0,以此强迫未成年人下线休息。超过健康游戏时间的玩家必须休息5个小时以上才能继续游戏。

本课题组认为,这是对准网游沉溺机制的时长关键点进行纠正、针对要害发力的行为,打击和纠正是比较精准的。如果控制实施得好,将在一定程度上改变网游沉溺的现状。这比单纯的年龄控制或者劝说教育要强很多。同时要看到,时长关键点只能影响网游沉溺机制中的时长收益一项,仅仅靠这一点仍然是乏力的,不能实现全面精准打击。因此,有效地全面防控网游沉溺,有赖于网游沉溺机制的全面精准研究。

新闻出版总署网络出版管理处宋建新处长介绍,防沉迷系统在网络游戏进行过程中是可见的,这种可见的模式有利于社会各界对网络游戏的监管。同时,游戏设置了投诉机制,网友可以对未安装防沉迷系统的网络游戏进行投诉举报。2007年7月16日,网游防沉迷系统正式实施,没有填写身份证信息及身份证号标注的出生日期不满18岁的玩家受到了在线时间的限制,具体为未成年玩家在线3小时之后经验、收益减半,5小时后不再获得任何收益。

国家相关部门对游戏系统整改的检查非常严格,很多厂商都接到了限期整改的警告单。可以说目前市场上的主流游戏在系统内容方面都严格执行了防沉迷系统的要求。但是防沉迷系统本身存在很多漏洞,未成年玩家大多使用父母或亲友的身份证进行注册，而运营商提供的身份证补登、修改等服务也为这些未成年玩家打开了方便之门，甚至有人在网上提供了身份证号码生成器，使得防沉迷系统的实施并未给运营商和玩家造成很大的影响。

后来相关部门希望通过实名认证系统来限制这一行为，但实名认证系统运行费用被相关部门指派给了游戏运营商，因此受到了广大运营商的抵触，导致系统暂时处于停滞状态，无法从根本上起到作用。本课题组分析，抵触的原因在于广大运营商可能担心实名制完全摧毁网游沉溺机制的核心机制之一——主角虚拟机制，这是网游生存点的较量，没有了主角虚拟机制，网游基本上也就没人愿意玩了。

无论国家还是民众都有防沉溺的迫切需求，国家在网游供给侧的防沉溺政策可能要比民众的呼吁和自我防范更有效。由此可见，透彻研究网游沉溺机制，反向应用网游沉溺机制，制定沉浸式软件（含网游）开发的防沉迷国家标准，准确击中网游沉溺各大机制要害，保障网游的健康发展和杜绝网游沉溺社会事件，正是需求所在。

第五节　网游沉溺源于沉溺机制

游戏是一个基于规则的系统，游戏机制是游戏核心部分的规则、流程以及数据，它们定义了玩游戏的活动如何进行、何时发生什么事、获胜和失败的条件是什么。在游戏设计中，游戏机制居于核心地位，一个游戏无论看上去多么棒，如果其游戏机制乏味或失衡，那么它玩起来就不会有趣。要创作出优秀的游戏，必须懂得游戏机制。

网游沉溺机制则是网游的核心规则、流程和数据，居于网游的核心地位。网游沉溺机制是网游巨大吸引力的核心来源。

根据现有的公开案例以及前面的调研可以看到，网游沉溺主体年轻化、社会危害大、地域普遍化，与厌学对比反差大，国家层面和民间层面都已经针对网游沉溺现象开始行动了，并取得了一定的效果。本课题组对从网络上或报纸上能够采集到的网游沉溺伤害案例信息进行了总结，调研其年龄、性别、具体网游名称、入网游原因、沉溺原因、地点、危害后果和危害程度等因素，受资料限制，有些地方不能给出数据。具体网游伤害案例调研分析如表1-1所示。

表1-1 网游伤害案例总结调研

案例编号	年龄	性别	死亡人数	地点	游戏名称	危害后果和程度
1	18	男		哈尔滨	超级机器人	大学休学玩9个月，进网瘾所
2	22	女		北京	未知	透支6.8万元买网游装备，获刑4年
3	15	男	1	天津	未知	铁棍击杀母亲
4	16	男	1	苏州	未知	跳楼
5	15	男	1	成都	未知	杀害外婆
6	15	男	1	广州	未知	杀母砍父
7	未知	男	2	甘肃	未知	杀害父母
8	未知	男		未知	未知	7天不吃不喝
9	未知	女		未知	未知	杀母
10	18	女		东北	未知	追父打母
11	14	男		未知	未知	打骂老人
12	15	女		长江一带	未知	欲跳江与父对打
13	未知	男	1	未知	未知	自刎
14	13	男	1	天津	魔兽世界	模仿游戏场景优美跳楼
15	未知	男	1	韩国	星际争霸	连续玩50个小时后死亡
16	20	男		国外	未知	每天从早9点玩到次日凌晨
17	19	女		北京	劲舞团	与妈妈产生矛盾
18	14	男		哈尔滨	未知	离家1周
19	13	男		未知	未知	离家半月
20	16	男		未知	未知	网瘾治疗
21	未知	未知		未知	未知	谈话治疗
22	16	男	2	四川广元	英雄联盟	母子投江
23	18	男	2	合肥	轩辕传奇	练胆杀2人
23	16	男		合肥	轩辕传奇	练胆杀2人
24	18	男		河南	未知	卖肾
25	18	男	1	重庆	传奇	现实仇杀1人
26	36	男	1	温州	未知	杀1人重伤1人
27	13	女		福建泉州	摩尔庄园	沉迷

续表

案例编号	年龄	性别	死亡人数	地点	游戏名称	危害后果和程度
28	38	男		江苏常州	征途2	花费1 500万元，贪污获刑18年
29	19	男		德国留学	未知	花费70万元
30	未知	男		杭州	未知	成为植物人

注：案例23由两个男孩共同作案。

本课题组的所有案例全部随机来源于报纸或网络，这些案例可能不够全面，但是随机性案例的选择使其具备一定的代表性。这些案例中死亡人数共有16人之多，还有卖肾、成为植物人、花费1 500万元、贪污受刑18年、离家出走、打骂亲人等，让人扼腕和震惊。从这些事件中可看出网游沉溺的巨大危害。

从性别上看，除去不好判断性别的一个，共有男生24人（其中有两名男生编号均为23），女生6人，也就是说这些因为网游而犯罪的青少年中，男生占80%，女生占20%。从地域分布上看，网游沉溺国内地域分布比较普遍。随着网游沉溺而后到来的是网游防沉溺。无论是国家层面还是民间层面，都已经开始与网游沉溺的斗争，并已经取得一定的效果。既然网游沉溺机制是网游巨大吸引力的核心来源，那么对网游沉溺机制进行透彻研究，就可以揭开网游沉溺巨吸力的神秘面纱。

第六节 网游沉溺机制研究方法及其数据

一、研究方法

选择研究方法通常要考虑研究问题的类型、对研究对象的控制程度及研究是否聚焦于当前等因素。本书的研究对象是网游本身，因此社会科学常见的研究方法如实验法、调查法、档案研究法、案例研究法和历史分析法等都能部分满足需要，但是仍然存在这样或那样的不足。例如，本研究无法做到改变网游内部的沉溺机制，采用实验法就比较困难。但是进入网游体验并结合网游者调研是可以做到的，因此课题组主要采取亲身体验典型网游的方法，在大量实践基础上加上问卷调研、访谈，以及报纸上的事例和大量的文献来进行总结。

其实，每一个沉溺规律都迎合着游戏者的一种心理需要，都有心理学原因在里面，所以，课题组在运用前述方法总结提出网游沉溺十大机制理论后，对每个机制背后的心理需要进行了分析，尝试找到该机制的心理学原因，从心理学角度予以理论解释。

这十大沉溺机制牢牢地把大部分网游者吸引住，诱其砸钱、投入时间，甚至出卖器官，失去生命。课题组怀着一种使命感进行研究，希望能够透过沉溺机制真正揭示出网游沉溺的秘密，之后，考虑把它迁移到其他领域的可行性和适用性，如教育领域，如能据此创新教育学习动机机制，必将从根本上大大减少学生厌学现象。

从研究方法上讲，由于课题组研究条件有限，无法找到所有网游进行体验，也无法对一款网游进行全路径体验，但由于选择的是典型网游的典型路径体验，再加上对网游者的调研和访谈以及报纸上的事例和大量文献的总结，得到的结论应该具有较强的普适性。

本项目在开展前期使用文献调研法，进行网游沉溺机制及物数形学习动机促进的相关研究。项目将同时通过体验法和典型案例法进行调研，主要通过典型网游的亲身体验来研究网游的动机激发机制，探索分析网游沉溺机制的实现途径，主张"解铃还须系铃人"，希望通过网游本身沉溺机制的研究，借鉴网游动机激发机制，将其迁移引入具体的物数形学习，拟尝试在具体领域开展借鉴研究。本项目在研究网游沉溺机制具体转换为学习动机激发机制系统模型时，要用到数学模型研究方法，提出假想（虚拟）现实模型（环境），并提出解决方案和算法教育教学系统。

本研究在借鉴网游沉溺机制研究教育学习动机系统激发机制期间将采用系统开发研究方法，尝试将原有的网游沉溺机制迁移为教育学习动机激发机制。

本研究在最后阶段拟使用实验计划法或实践（行动）研究方法，采用实验组和控制组对比方法对学习动机促进的效果进行显著性检验，以验证网游沉溺机制迁移而来的教育学习动机激发机制的有效性，给出显著性检验结果。

具体研究步骤为：

首先，提出网游沉溺机制原理模型。如前所述，从社会和心理层面解释的网络沉溺已有相关主体模型。然而，迄今为止，尚未见到从网游自身机制层面进行解释的网游沉溺机制模型。只有通过研究网游自身沉溺机制，才能真正阐明为何网游会导致沉溺，从网游自身来查找、探索和研究沉溺机制是关键的一步。因此，通过实践探索并研究网游沉溺的真实机制就成为本研究要突破的重点。网游沉溺机制探明后，网游沉溺机制的系统模型也就呼之欲出了。其风险在于，体验研究者有可能在体验过程中迷失自己，本来是研究网游的，反而沉溺网游了。因此，体验研究者务必要有清醒的自知能力、高度的自控能力和成熟的心理。

其次，根据网游沉溺机制创新提出防沉溺规制方法。在网游沉溺机制系统模型提出后，要对系统模型中的不同机制逐个进行分析，并转化到物数形学习中。不是所有的机制都适合迁移到学习中的，这个转化非常关键，在很大程度上决定了物数形学习动机全面促进机制的成败，因此这是另一个需突破的重点和难点，其突破有赖于网游模式经验和物数形学习模式经验的交叠和创新。必须具备双方模式经验，只有一方模式经验是不可能转化成功的。

最后，基于网游沉溺机制创新迁移提出教育学习动机激发机制。在确定了网游沉溺可以转换的机制及其转化原则后，就可以在具体学习系统中进行网游沉溺机制的借鉴研究。

二、数据收集的组织和结果

（一）数据收集的组织

本研究成立了由1名副教授（博士、硕导）、2名讲师（博士）、1名助教（硕士）、2名硕士生（现已毕业）和1名本科生组成的研究小组，从2013年7月至2016年6月，除了通过亲身体验外，还从学术期刊、研究报告、行业资讯、专业书刊和报纸、互联网、学术研讨会等所有能够接触到的公开渠道收集案例资料，并对网游者进行网游沉溺机制的调研，不仅获得了传统文本资料等结构化数据，还通过视频、访谈笔记等获得半结构化和非结构化数据，最终整理出网游沉溺十大典型机制。对网游者进行调研时碰到的主要困难是如何得到这些网游者的问卷答案，由于在线网游者都忙着网游，所以单独进行问卷填写的可能性非常小，因此，体验研究者使用网游中的世界喊话工具和聊天交友功能进行个别交流访谈，按照问卷中的问题直接进行询问式访谈，之后给予网游中的礼品如电子玫瑰等，尽管比较耗费时间和精力，但取得了一定的效果。为了方便答卷者，问卷的发放使用了多种方式，包括使用网上调查问卷、Excel文件式调查问卷以及纸质调查问卷。本课题面向大学生群体发放大学生网游调查问卷，共发放150份，回收有效答卷105份。学生网游问卷调查和其他的文献调研及访谈等共同提供了本研究的整体调研数据。由于前文已经部分述及了文献等调研内容，下面仅仅对大学生问卷调研数据收集的结果进行分析。考虑到"985"和"211"高校生源较好，不是大学生占比最多的高校，因此问卷对象选择了地方一般重点大学的大学生，样本具备较强的普遍性。

本次数据主要以问卷形式获得。针对大学生网游玩家进行问卷调查，共收回问卷 142 份,其中有效答卷为 105 份,问卷有效收回率为 73.9%。被调查人员基本情况如表 1-2 所示。

表 1-2 网游大学生问卷调查之玩家情况分布调查

项 目			年级				总计
			大一	大二	大三	大四	
性别	男	人数	15	22	19	10	66
		占比(%)	14.3	21.0	18.1	9.5	62.9
	女	人数	5	8	14	12	39
		占比(%)	4.8	7.6	13.3	11.4	37.1
总计		人数	20	30	33	22	105
		占比(%)	19.0	28.6	31.4	21.0	100.0

从表 1-2 可以看出,此次调研对象覆盖了大学四个年级,网游的大学生玩家中男生居多,对于男生而言,大二和大三是玩网游人数较多的时期,大一和大四玩网游的比例相对较小。

(二)数据收集的结果

1. 网游玩家现状意识和自控力调查

105 个被调查者根据自身情况做出网游现状分析:有 19 人认为网游对现实生活造成一定影响并希望改变现状,占 18.1%,其中 9 人基本同意上述表述,10 人非常同意;15.3% 的人认为无法控制自己不玩网游;15.2% 的人对自己的自控力不清楚。在性别分布上,网游对男生造成的影响大于女生,说明男生更容易被网游吸引(见表 1-3 和表 1-4)。

表 1-3 网游沉溺现状意识调查

项 目			网游对学习生活产生一定负面影响,并且想要改变现状					总计
			非常不同意	不同意	不清楚	基本同意	非常同意	
性别	男	人数	16	28	9	6	7	66
		占比(%)	24.2	42.4	13.6	9.2	10.6	100.0
	女	人数	12	10	11	3	3	39
		占比(%)	30.8	25.6	28.2	7.7	7.7	100.0

续表

项目		网游对学习生活产生一定负面影响，并且想要改变现状					总计
		非常不同意	不同意	不清楚	基本同意	非常同意	
总计	人数	28	38	20	9	10	105
	占比（%）	26.7	36.2	19.0	8.6	9.5	100.0

表1-4　网游沉溺现状自控力调查

项目			能够控制自己不玩网游					总计
			非常不同意	不同意	不清楚	基本同意	非常同意	
性别	男	人数	4	8	13	31	10	66
		占比（%）	6.0	12.1	19.7	47.0	15.2	100.0
	女	人数	1	3	3	25	7	39
		占比（%）	2.6	7.7	7.7	64.1	17.9	100.0
总计		人数	5	11	16	56	17	105
		占比（%）	4.8	10.5	15.2	53.3	16.2	100.0

2. 开始玩网游的入门原因调查

在玩家开始接触网游的原因调查中，生活中休闲娱乐活动较少、朋友推荐、身边人在玩和假期空闲时间太多是主要原因，平均分在3.9以上（见表1-5）。通过分类统计发现，男生和女生在这四项原因上得分均较高，说明这四项是玩家开始接触网游的普遍且关键因素。而不玩网游显得不合群、网游广告各种炫酷技能的吸引等为次要原因，平均分在3以上。由于生活出现低谷、想要逃避现实的平均分为2.8，在所有原因中持分最低。通过对性别的分类统计可以发现，男生为了更加合群以及由于网游各种炫酷技能的吸引而开始接触网游的得分高于女生（见表1-6和表1-7）。此外，在其他原因补充中90%以上的同学强调开始接触网游是由于无聊、消遣，可见业余时间充足、无事可做是多数玩家开始玩网游的原因。

第一章 网游沉溺情况调研

表1-5 网游沉溺之入门原因调查（总体）

原 因	非常不同意	不同意	不清楚	基本同意	非常同意	平均分
朋友推荐	1 (0.96%)	6 (5.71%)	21 (20%)	51 (48.57%)	26 (24.76%)	3.9
身边人在玩，自己也想试试	1 (0.96%)	2 (1.9%)	23 (21.9%)	57 (54.29%)	22 (20.95%)	3.92
不玩网游显得不合群	13 (12.39%)	18 (17.14%)	29 (27.62%)	31 (29.52%)	14 (13.33%)	3.14
网游广告各种炫酷技能的吸引	9 (8.57%)	14 (13.33%)	36 (34.29%)	31 (29.52%)	15 (14.29%)	3.28
看了部网游改编的电视剧或小说开始接触该款网游	13 (12.38%)	6 (5.71%)	26 (24.76%)	41 (39.05%)	19 (18.1%)	3.45
现实生活出现低谷，想要逃避	20 (19.05%)	24 (22.86%)	27 (25.71%)	25 (23.81%)	9 (8.57%)	2.8
假期空闲时间太多，玩网游消遣	2 (1.9%)	3 (2.86%)	29 (27.62%)	41 (39.05%)	30 (28.57%)	3.9
生活中休闲娱乐活动较少，玩网游休闲	3 (2.85%)	1 (0.96%)	22 (20.95%)	53 (50.48%)	26 (24.76%)	3.93

注：采取予分制，即从"非常不同意"到"非常同意"分别赋予1~5分。下同。

表1-6 网游沉溺之入门原因调查（女生）

原 因	非常不同意	不同意	不清楚	基本同意	非常同意	平均分
朋友推荐	1 (2.56%)	1 (2.56%)	9 (23.09%)	18 (46.15%)	10 (25.64%)	3.9
身边人在玩，自己也想试试	0 (0%)	0 (0%)	9 (23.08%)	20 (51.28%)	10 (25.64%)	4.03
不玩网游显得不合群	6 (15.38%)	10 (25.64%)	8 (20.51%)	11 (28.21%)	4 (10.26%)	2.92
网游广告各种炫酷技能的吸引	3 (7.69%)	8 (20.51%)	16 (41.03%)	8 (20.51%)	4 (10.26%)	3.05
看了部网游改编的电视剧或小说开始接触该款网游	5 (12.82%)	2 (5.12%)	9 (23.08%)	16 (41.03%)	7 (17.95%)	3.46

续表

原　因	非常不同意	不同意	不清楚	基本同意	非常同意	平均分
现实生活出现低谷，想要逃避	9 (23.08%)	8 (20.51%)	11 (28.21%)	10 (25.64%)	1 (2.56%)	2.64
假期空闲时间太多，玩网游消遣	0 (0%)	0 (0%)	11 (28.21%)	17 (43.58%)	11 (28.21%)	4
生活中休闲娱乐活动较少，玩网游休闲	1 (2.56%)	0 (0%)	11 (28.21%)	14 (35.9%)	13 (33.33%)	3.97

表1-7　网游沉溺之入门原因调查（男生）

原　因	非常不同意	不同意	不清楚	基本同意	非常同意	平均分
朋友推荐	0 (0%)	5 (7.58%)	12 (18.18%)	33 (50%)	16 (24.24%)	3.91
身边人在玩，自己也想试试	1 (1.52%)	2 (3.03%)	14 (21.21%)	37 (56.06%)	12 (18.18%)	3.86
不玩网游显得不合群	7 (10.61%)	8 (12.12%)	21 (31.82%)	20 (30.3%)	10 (15.15%)	3.27
网游广告各种炫酷技能的吸引	6 (9.09%)	6 (9.09%)	20 (30.3%)	23 (34.85%)	11 (16.67%)	3.41
看了部根据网游改编的电视剧或小说开始接触该款网游	8 (12.12%)	4 (6.06%)	17 (25.76%)	25 (37.88%)	12 (18.18%)	3.44
现实生活出现低谷，想要逃避	11 (16.67%)	16 (24.24%)	16 (24.24%)	15 (22.73%)	8 (12.12%)	2.89
假期空闲时间太多，玩网游消遣	2 (3.03%)	3 (4.55%)	18 (27.27%)	24 (36.36%)	19 (28.79%)	3.83
生活中休闲娱乐活动较少，玩网游休闲	2 (3.03%)	1 (1.52%)	11 (16.67%)	39 (59.08%)	13 (19.7%)	3.91

3. 喜欢网游原因的调查

通过调研发现，玩家喜欢网游原因得分最高的前3项原因分别为虚拟角色的体验、网游新鲜刺激，以及引人入胜的情节和成就感。其中体验各种角色的平均分达到4.05（见表1-8）。从整体看，各项原因得分均在3分以上，由此可以看出网络游戏对玩家各种心理需求的满足,包括安全需求、人际交往需求、尊重需求以及自我实现需求等。

表1-8 玩家喜欢网游部分原因调查

原因	非常不同意	不同意	不清楚	基本同意	非常同意	平均分
财时交换机制:网游可以逃避现实的失败和压力,种植有收获,时长有收益,市场能赚钱	11(10.48%)	22(20.95%)	26(24.76%)	35(33.33%)	11(10.48%)	3.12
公会团队机制:在网游中与他人的关系更融洽	8(7.62%)	6(5.71%)	31(29.52%)	45(42.86%)	15(14.29%)	3.5
奖励悬赏机制:签到奖励和任务奖励对我有很强激励作用	5(4.77%)	10(9.52%)	30(28.57%)	39(37.14%)	21(20%)	3.58
升级冷却机制:等级高装备好,有成就感,得到他人肯定	3(2.86%)	3(2.86%)	25(23.80%)	53(50.48%)	21(20%)	3.82
场景转换机制:网游场景画面精美,音乐动听	4(3.81%)	3(2.86%)	26(24.76%)	51(48.57%)	21(20%)	3.78
开放发展机制:网络游戏新鲜刺激,情节吸引人	3(2.86%)	6(5.71%)	20(19.05%)	43(40.95%)	33(31.43%)	3.92
公平透明机制:有严格公平的奖惩机制,付出与回报成正比	7(6.67%)	10(9.52%)	18(17.14%)	49(46.67%)	21(20%)	3.64
新老融入机制:在网游中被需要,有很强的归属感	7(6.67%)	8(7.62%)	33(31.43%)	43(40.95%)	14(13.33%)	3.47
战斗交际机制:在网游中可以结交很多朋友	6(5.71%)	8(7.62%)	30(28.57%)	28(26.67%)	33(31.43%)	3.7
主角虚拟机制:在网游中可以体验各种游戏角色	4(3.81%)	2(1.9%)	16(15.24%)	46(43.81%)	37(35.24%)	4.05
主角虚拟机制:喜欢做与现实中不一样的自己	7(6.67%)	5(4.76%)	27(25.71%)	36(34.29%)	30(28.57%)	3.73

4. 校园与学校教育学习动机调查

在调查中发现，有50%以上的大学生玩家在大学期间存在没有学习动力、对专业了解不多以及对未来发展方向不明等问题。其中，没有学习动力达到58.1%（见表1-9）。此外，在各个年级性别统计中发现，大一年级中女生更容易感到孤独和缺乏动力；在大二年级中，男生更迫切渴望能力的提升和成长，大三和大四年级中情况相反；同时，大三年级男生对未来职业发展方向的迷茫程度高于女生，而大四年级则相反。在"其他"项中被调查者补充，感觉学到的东西实践性不强。

表1-9 网游大学生玩家的学校教育学习动机调查

遇到的问题		年级							总计
		大一		大二		大三		大四	
		性别		性别		性别		性别	
		男	女	男	女	男	女	男	女	
没有学习动机和动力，觉得自己在混日子	人数	7	4	10	5	12	7	6	10	61
	人数占比	6.7%	3.8%	9.5%	4.8%	11.4%	6.7%	5.7%	9.5%	58.1%
不知道自己怎么做才能尽快适应大学环境	人数	7	2	7	3	6	4	4	3	36
	人数占比	6.7%	1.9%	6.7%	2.9%	5.7%	3.8%	3.8%	2.9%	34.4%
不明白自己为何选这个专业	人数	7	2	10	4	11	8	6	6	54
	人数占比	6.7%	1.9%	9.5%	3.8%	10.5%	7.6%	5.7%	5.7%	51.4%
和身边朋友没共同话题，经常有孤独感	人数	5	3	9	0	6	3	4	3	33
	人数占比	4.8%	2.9%	8.6%	0.0%	5.7%	2.9%	3.8%	2.9%	31.6%
感觉自己很少被人需要或者重视，很少有人喜欢自己	人数	8	2	7	3	7	6	4	1	38
	人数占比	7.6%	1.9%	6.7%	2.9%	6.7%	5.7%	3.8%	1.0%	36.3%
在评优评奖或社团工作等方面遭到不公平对待	人数	1	3	9	1	6	4	3	1	28
	人数占比	1.0%	2.9%	8.6%	1.0%	5.7%	3.8%	2.9%	1.0%	26.9%

续表

遇到的问题		年级								总计
		大一		大二		大三		大四		
		性别		性别		性别		性别		
		男	女	男	女	男	女	男	女	
对未来发展方向迷茫,不明确职业生涯规划	人数	7	2	13	6	13	4	3	9	57
	人数占比	6.7%	1.9%	12.4%	5.7%	12.4%	3.8%	2.9%	8.6%	54.4%
想要独当一面,但是能力不足	人数	3	1	10	2	5	7	2	7	37
	人数占比	2.9%	1.0%	9.5%	1.9%	4.8%	6.7%	1.9%	6.7%	35.4%
其他	人数	0	0	0	0	0	0	1	0	1
	人数占比	0.0%	0.0%	0.0%	0.0%	0.0%	0.0%	1.0%	0.0%	1.0%

5. 对学校教育方式的改进调查

对学校教育方式的改进调查中,大多数同学更加渴望社会实践的机会与广泛的社会交际(见表1-10)。因此,保证大学生活的公平性、增强教学过程的实践性以及保证团体活动的丰富性都是将大学生注意力从网游转移到现实学习生活的必要前提和有效途径。

表1-10 网游大学生玩家对教育方式改进的期望调查

选项	1	2	3	4	5	平均分
增加奖学金奖励额度以及社会认可度	0 (0.00%)	4 (3.81%)	33 (31.43%)	44 (41.90%)	24 (22.86%)	3.84
改变理论"填鸭式"授课方法,增加实践教学(如进行市场调研)	0 (0.00%)	0 (0.00%)	23 (21.90%)	45 (42.86%)	37 (35.24%)	4.13
提供更多社会实践的机会(如专业实习)	0 (0.00%)	0 (0.00%)	12 (11.43%)	43 (40.95%)	50 (47.62%)	4.36
可以经常参加社会活动,有广泛的社会交际	0 (0.00%)	0 (0.00%)	17 (16.19%)	42 (40.00%)	46 (43.81%)	4.28
老师讲课有特点,不照本宣科	5 (4.76%)	4 (3.81%)	22 (20.95%)	40 (38.10%)	34 (32.38%)	3.9

续表

选项	1	2	3	4	5	平均分
课堂纪律较好,师生互动频繁	5 (4.76%)	1 (0.95%)	20 (19.05%)	54 (51.43%)	25 (23.81%)	3.89
校园团体活动内容丰富有意义	1 (0.95%)	4 (3.81%)	19 (18.10%)	42 (40.00%)	39 (37.14%)	4.09
有公平明确的评优和奖励制度,不让所有努力白费	1 (0.95%)	3 (2.86%)	13 (12.38%)	47 (44.76%)	41 (39.05%)	4.18

三、对数据收集结果的解释

对上述数据收集结果的解释,要考虑到数据调研对象主体的心理特点。对于学生沉溺网游问题,需要了解学生常见心理问题及需求;而对于一些普遍存在的网游问题,则要看普通人的心理需求。因此,本部分从大学生心理需求和马斯洛需求层次理论分别进行相关心理解释。

(一) 大学生心理需求

大学阶段是人由青少年心理转向成人心理的关键阶段。大学生刚刚步入成人行列,生活环境、学习习惯和社会角色以及责任等的转变使大学生的心理发展表现出一定特征。研究表明,大学生心理特点有:①发展具有阶段性。在大学入学适应、稳定发展和准备就业三个阶段,大学生具有不同的心理状况。②心理活动两极性扩大,多种矛盾并存。大学生在情感生活、意志行动和人际交往等方面都表现出两极性,并且心理出现种种矛盾,如理想与现实的矛盾、自信与自卑的矛盾等。③道德品质思维能力迅速发展,但易带主观性。在大学生思维的逻辑性、发散性增强的同时,其独立性和批判性也得到相应增强,使大学生不再单纯满足于被动接受,而开始用批判的眼光看待事物。④自我意识增强,但存在一定误区。大学生能根据社会和自己的要求进行自我评价和自我分析,但如果对自身认识不透彻或要求过高,就容易导致自大或者自卑的心理。

基于这些心理发展特点,我国大学生存在以下常见心理问题:①适应性问题。大学生在初入校园时对生活环境、专业课程、社团活动、学习方式等都很陌生,在这个过程中很容易产生陌生感、无力感、矛盾感,觉得无所适从。②人际交往问题。大学像一个小型的社会,人际关系较中学时代复杂很多,同时对于交往的主动性也提出很高的要求。在大学里,善于交流、了解沟通技巧的人往往比较受欢迎。反之,相对内向、不善言辞的人则往往受到冷落进而变得孤僻。③心理承受力问题。成长是一个过程,而这个过程必然伴随着各种各样的挫折。进入大学之前，学生的生活相对简单、单调，且老师和家长在困难处理方面扮演很重要的角色。进入大学后，大学生脱离了老师和家长的羽翼，在面对挫折时心理承受能力较弱。④学业问题。大学学习相对于中学学习更加提倡学习的自主性，学校不再用成绩排名来使学生努力学习。这种相对宽松自由的体制允许学生自主安排时间并且根据自身兴趣爱好确定发展方向，但同时也导致很多学生缺乏学习动机、学习目的不明确、学习动机功利化、学习成绩不理想，有的甚至荒废学业。⑤就业与职业生涯规划问题。很多人说大学生"毕业相当于失业"，导致这种现象的原因除了一些大学生荒废时间、不务正业外，还有大学生对自己未来的发展没有明确规划。在毕业之际，大学生面临极大的就业压力，如果没有明确的发展方向，就会感到力不从心。⑥情绪问题和情感问题。其中，情绪问题主要包括抑郁和情感失衡；情感问题则针对生活中的各种情感，包括亲情、爱情和友情。大学生的心理需求包括指导需求、人际交流需求、逃避现实或寻求保护需求、针对学生问题和职业生涯问题的明确规划需求，以及情绪控制宣泄需求。如果这些需求不能及时得到相应的引导，大学生就容易为网游所吸引而沉溺。

(二) 马斯洛需求层次理论

马斯洛需求层次理论将人的内在需求分为生理需求、安全需求、情感需求（归属和爱的需求）、尊重（自尊）需求和自我实现需求，并在此基础上补充人基本的认知需求（包括认识和理解的欲望和审美需要）。下面本研究尝试从网游沉溺机制方面逐条给出网游对相应马斯洛需求层次的满足情况。

马斯洛的生理需求层次是指对于食物、水、住所等保障基本生存或者生活条件的物质的需求，它是最基本、最强烈、最明显的需求。由于在当代条件下，学生的这些生理需求都能得到满足，且网络游戏较少涉及生理需求，所以下文将不再讨论。

马斯洛的安全需求层次是指在生理需求得到充分满足的基础上人们对于利用体制、秩序、法律、界限的约束来避免受到伤害、获得安全感的需求。在这个层次上，人们不仅追求安全，同时也追求正义、公平。虽然相对于社会来讲，大学的校园环境比较安全、单纯，但是仍然不可避免地存在危险和有失公平的现象和隐患。而网游沉溺机制当中的多个机制充分满足了玩家的安全需求。

马斯洛的情感需求（归属和爱的需求）层次是指一种渴望与他人建立友好关系并乐意为之努力的需求。因为讨厌孤独和疏离，每个人都渴望被爱、被需要；因为喜欢分享，每个人都有自己或大或小的朋友圈。人具有社会性，因此交流和分享成为生活中不可或缺的部分。网游的新老融入机制、主角虚拟机制、战斗交际机制都是对马斯洛情感需求的极大满足。

马斯洛的尊重需求层次是指获得自我肯定以及来自他人的较高评价和赞扬的情感需求。尊重需求得到满足后，人们会体验到自己的用处和存在价值。网游中的主角虚拟机制能够最好地满足需求。

马斯洛的自我实现需求层次是最高层次的需要。在生理、安全、社会和尊重需求得到满足后，人们开始追求最大限度地实现理想、抱负或者期望。自我实现的方式不尽相同，但都努力实现自己的期望，使自己越来越好。而网游的主角虚拟机制完美地满足了这一需求，使玩家实现网游理想、抱负或者期望。

除了上述需求层次理论外，马斯洛还提出认知理解和审美的需要。马斯洛将认知理解的需要归结为好奇心，他认为好奇心是全人类的特点，并且指出"好奇心的满足是主观上的满足，人们都说学习和发现未知的东西会给他们带来满足和幸福"。另外，马斯洛在人格学的基础上研究并确信，在某些人身上确有真正的基本的审美需求。他指出："丑会使他们（临床试验的人）表现出某种病态，美会使他们痊愈。他们积极地渴望着，只有美才能满足他们的热望。"这一点在网游中也得到了极大的满足。

综上所述，除了马斯洛的生理需求外，网游能够近乎完美地满足其他几个人类需求层次。在马斯洛生理需求方面，很多网游也开始满足其中的网络结婚需求，但是网游的需求满足都是理想化的，任何与满足需求相伴而来的现实在网游中都被略掉了。比如，虽然满足了结婚需求，但是生养孩子的现实问题，网游无法解决。现实中所有的努力和汗水全部变成了网游中的金钱和时间，只要玩家经验攒够，装备攒够，即可升级。如果不想花时间怎么办？花钱。这正是网游吸金的最直接原因。

第二章 网游沉溺机制文献综述研究

第一节 网游沉溺机制概述

首先需要说明的是，任何一款网游中均无专门而明确的沉溺机制。所谓网游沉溺机制，是指网游自身机制导致了网游沉溺现象的出现，为了表示对沉溺的强调而将之称为网游沉溺机制。这种网游自身机理机制是绝大多数网游的典型机制。网游沉溺机制的实质是网游用户交互机制。"机制"一词是中性的，并无"沉溺"本身的负面意味。

本研究所提到的沉溺机制与王晴川网络沉溺形成机制和李一的网络沉溺生成机制有着本质的区别。网络沉溺形成机制的主要贡献在于提出了一种网络沉溺的解释模型，即"网络沉溺的主体模型"，强调主体因素是网络成瘾的本源。其具体模型如图2-1所示。

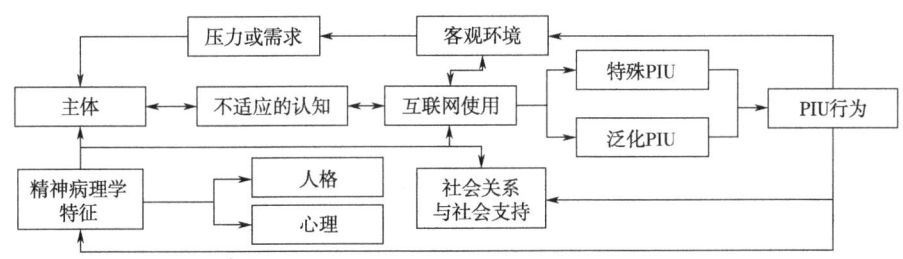

图2-1 网络沉溺的主体模型

注：PIU即病态网络使用（pathological Internet use）。

网游沉溺生成机制主要从社会和心理层面来解释网络沉溺的生成机制。网游沉溺形成机制和网游沉溺生成机制与本研究中所提到的沉溺机制的本质区别主要有以下两点：①前两者的研究对象主要是泛网络沉溺，是指用户陷入看新闻、收邮件、看视频、网购等各种网络行为中无法自拔的现象，包括陷入网游行为无法自拔；而本书的研究对象主要是网游沉溺现象，研究的针对性比较强。②前两者的研究主要从社会和心理认知层面来阐释网络沉溺；

而本研究将从网游自身机理方面进行阐释，认为网游机理本身是造成网游沉溺现象的最主要原因，并试图将网游沉溺机制借鉴到具体的学习动机促进上来。

第二节　网游现状调研

截至 2022 年 1 月 9 日，从文献作者来看，关注网游最多者为广州大学的喻承甫、北京商报的张绪旺和罗添、华南师范大学的张卫，分别有 22 篇、21 篇、19 篇、18 篇相关文章。

从文献来源机构的关注度上看，北京商报以 177 篇居首，通信信息报（164 篇）次之，中国新闻出版广电报（107 篇）再次。从文献的研究机构上看，华中师范大学（40 篇）、华南师范大学（39 篇）、东北师范大学（35 篇）居于前三，接下来依次为华东政法大学、北京邮电大学、北京大学、湖南师范大学、北京师范大学、上海交通大学、武汉大学、四川大学、中国传媒大学、西南大学、山东大学、南京师范大学等。这些单位是网游研究的主要机构，其主要贡献见下面的流派分析。我们认为网游研究可分为 4 个派别，包括网游沉溺原因之探究流派、网游现状对策之人文流派、网游设计测量之技术流派以及网游沉溺研究之借鉴流派。

国外对网络游戏成瘾的研究开始得比较早，心理学领域把它当作网络成瘾的一类，当成一种病态的心理行为，从病理学的角度进行分析。近年来，国内对网络游戏成瘾的关注开始多起来。在知网内容提要里搜索"网络游戏成瘾"找到的文章数量自 2005 年开始增多。以"网络游戏成瘾机制"为关键字进行搜索，可获得 3 417 篇文章，这些文章中大多数分析网络游戏成瘾的原因以及影响。真正对网络游戏沉溺机制进行总结的主要有 8 篇。其中有 4 篇分别从神经、传播学、心理角度谈网络游戏沉溺机制；有 3 篇主要谈网络游戏沉溺机制及其影响和成因；有 1 篇提出网络游戏沉溺机制，并将其与大学生思想教育相结合，基于网络游戏沉溺的特点探索对大学生进行思想教育的新方法。从文献分析的角度来看，在知网中很少有从网游自身特点出发、对各项沉溺机制进行总结并提出借鉴思维的文章，由此可见本研究角度的独特性。

对于网游这个互联网第一吸金利器的研究，国家社会科学基金一直以来都非常重视，从 2006 年就有相关资助，自 2011 年以来更加重视，其中 2011 年资助 3 项（其中有 2 项为重大项目）、2012 年资助 4 项，从侧面可以看出对网游课题的关注度越来越高。受资助的项目在网游的价值导向研究、网游平台传播中国传统文化的策略与实证研究、网游（或暴力网游）对青少年发展的影响（或社会化影响）与引导研究、武侠动漫与武侠网游研究（文学创作与产业化的交互）、青少年网游行为分析与网游成瘾预警指标体系研究方面做出了突出且有价值的积极贡献。具体国家社会科学基金资助相关项目见表2-1。然而，对于网游自身的研究探讨却较少。为什么网游容易使人沉溺不能自拔，究竟存在哪些机制让人如此沉迷？能否校正或借鉴这些沉溺机制？如何校正或借鉴网游沉溺机制？网游沉溺机制究竟反映出何种强势心理控制需求？这些问题尚无人回答。而网游成瘾的关键在于网游沉溺机制，如果不清楚网游沉溺机制，不能从网游沉溺机制自身出发进行相应校正，那么网游成瘾现象就永远无法从根本上得到控制。由此可见，网游沉溺机制是根治网游沉溺现象的最关键因素之一，这也正是目前国家社会科学基金资助网游相关研究较少的区域。因此，本项目选题具有重要意义。

一、网游沉溺原因之探究流派

（一）从网游对象心理方面寻找原因

如前所述，大多数文章仅分析网络游戏成瘾的原因以及影响，很少概括总结网络游戏的沉溺机制。

真正对网络游戏沉溺机制进行总结的主要有 8 篇。其中，有 4 篇分别从神经、传播学、心理角度谈网络游戏沉溺机制，它们是：张卫、胡谏萍、甄霜菊、曾毅茵、张燕贞的《网络游戏成瘾的心理与神经机制研究》，姚毅的《网络游戏成瘾的危害及其精神病理机制研究》，唐艳艳的《从传播学的迷理论看网络游戏成瘾机制》，盛莉的《大学生对网络游戏成瘾的心理机制及其防治》。有 3 篇主要谈网络游戏沉溺机制及其影响和成因，它们是：魏华、周宗奎、田媛、鲍娜的《网络游戏成瘾：沉浸的影响及其作用机制》，邓鹏、王欢的《网络游戏成瘾：概念、过程、机制与成因》，贺金波、郭永玉、向远明的《青少年网络游戏成瘾的发生机制》。有 1 篇（即石霖、王子旋的《基于网络游戏成瘾机制开发大学生思想道德教育新途径》）提出网络游戏成瘾机制，并将其与大学生思想教育相结合，基于网络游戏成瘾的特点探索对大学生进行思想教育的新方法。

表 2-1 国家社会科学基金关于网络游戏的相关研究项目（截至 2012 年）

项目编号	项目级别	学科领域	项目名称	批准日期	负责人	职称	所属单位	大学类别	属地	院校和军队
12BKS085	一般项目	马列科社	网络游戏的价值导向研究	2012-05-14	张乐	中级	重庆邮电大学		重庆	高等院校其他学校
12BXW037	一般项目	新闻学传播学	运用网络游戏平台传播中国传统文化的策略与实证研究	2012-05-14	梁国伟	正高	哈尔滨工业大学媒体技术与艺术系	"985"大学"211"大学	黑龙江	高等院校其他学校
11AZD112	重点项目	哲学	网络游戏对青少年发展的影响与引导研究	2011-12-01	刘德寰	正高	北京大学	"985"大学"211"大学	教育部	高等院校其他学校
11&ZD178	重大项目	哲学	网络游戏对青少年发展的影响与引导研究	2011-10-01	杜骏飞	正高	南京大学	"211"大学"985"大学	江苏	高等院校其他学校
11XSH003	西部项目	社会学	青少年网络游戏行为分析与网络游戏成瘾预警指标体系研究	2011-07-01	刘建银	副高	重庆师范大学社会文化研究所		重庆	高等院校其他学校
06CXW009	青年项目	新闻学传播学	网络游戏对青少年社会化的影响	2006-07-01	杨鹏	中级	复旦大学新闻学院	"985"大学"211"大学	上海	高等院校其他学校
12CZW084	青年项目	中国文学	文学创作与产业化的交互：武侠动漫与武侠网游研究	2012-05-14	肖显惠	副高	西南大学	"211"大学	重庆	高等院校其他学校
12BXW049	一般项目	新闻学传播学	网络暴力游戏对青少年的影响与引导研究	2012-05-14	燕道成	副高	湖南师范大学	"211"大学	长沙	高等院校其他学校

何义芳、计惠民、金淑萍和王伟在论文《大学生病理性网络使用发生机制的研究进展》中，介绍了 PIU 形成机制的认知-行为模型、生物-心理-社会（环境）模型和人格特质模型，但由于每种模型的研究样本有限，样本的采集方法各异，有的研究来自理论推测，仍需要对各种影响因子进行深入评估和实证研究。傅家宝、金良怡和宋永喜在论文《大学生网络成瘾综合征的心理研究综述》中指出网络成瘾的一般概念，提到网络成瘾是指过度使用互联网而导致明显的社会和心理损害的一种现象。美国纽约精神病医生戈德堡（Goldberg）于 1995 年根据网络相关障碍首先提出网络成瘾现象，并把它命名为"互联网成瘾症"（internet addiction disorder，IAD），即"网络成瘾综合征"。网络成瘾表现为：对网络有一种心理上的依赖感，不断增加上网时间；从上网行为中获得愉快和满足，下网后感觉身体不适；在现实生活中花很少时间参与社会活动及与他人交往；以上网来逃避现实生活中的压力、挫折、烦恼与情绪问题；倾向于否认过度上网给自己的学习、工作、生活或思想等方面造成的实际损害。文章介绍了网络成瘾的鉴定指标及诊断标准、网络成瘾的流行病学特点、网络成瘾的基本类型等，还提到了大学生网络成瘾的具体成因分别有互联网的影响、人格素质解释、行为学习理论、认知适应不良，并对其他可能影响因素进行了分析。

（二）从网游本体机制方面寻找原因

除了上面主要从心理角度对网游者成瘾进行探究外，还有学者提倡从网游本身的客体出发探究网游沉溺的原因，认为搞清楚网游中哪些客观存在的机制容易导致沉溺是网游研究的基础和重中之重。就作者视野而言，虽然也有文献提到网游本身原因，但是并未做出具体解释或探讨，分析网游本身特性导致沉溺的文献屈指可数。

台湾世新大学的林黄远和国家开放大学的蒋其先从虚拟联系的视角分析了影响在线网络游戏采纳的行为。在这项研究中，他们基于技术接受模型来讨论采用网络游戏的前因，共收到有效问卷 303 份，并且采用结构方程模型对假设进行了测试。结果表明，临场感对于社交互动、感知有用性（PU）、感知易用性（PEU）、感知嬉闹（PP）都有积极的影响。同时，社交互动对主观规范（SN）、PU、PP 也有积极的影响。除此之外，SN 对影像（IM）有积极的影响，PEU 对 PU 和 PP 有积极的影响。最后，SN、PU、PEU 和 PP 对网络游戏的使用者也有着积极的影响。

在过去的几十年中，对于在线游戏的研究也在不断地增加，一些研究人员发现，人的性格特征和玩网络游戏的动机有很大的关系。越来越多的研究表明，尽管互动对于游戏玩家有直接的影响，但是隐私、时效性、娱乐性等服务质量方面的要求将会间接地影响着玩家的满意度。随着信息技术的进步，在线游戏公司将会为网络游戏设计更好的网络接触环境以减少玩家的流失。但是，很少有人研究虚拟接触对玩家使用意图（BIU）的影响。此项研究用技术接受模型（TAM）和虚拟接触（临场感和社交互动）、PP、SN、IM等外部变量来为分析与在线游戏相关的行为构建一个理论架构。同时，用实证结果验证了这个架构。研究给出了理论背景中的相关概念和实际系统的使用。如TAM包含外部变量、PEU、PU、使用态度（AU）、BIU。外部变量使用TAM，在内在信念态度和外部影响变量之间建立起连接的桥梁。通过TAM中的PEU、PU来解释和预测用户对计算机信息系统的接受程度。PEU对PU有着直接的影响，通过改善PEU可以提高性能和增加任务、操作完成的数量。也就是说，PEU性能的改善会导致PU的提高，因此，PEU对PU有直接的影响。PU是指根据预期理论，人们对于不同策略的吸引程度和策略效果的期望程度会影响他们对策略结果的自我评估。PU也影响和反映着人们对于不同策略的喜好程度。另外，重复使用会导致人们对于价值和偏好的看法增加。通过强化感知价值和偏好的方式，PU影响着用户的行为。AU是指当实现一个目标时，个人与之相关的积极的或消极的感受。与TAM相关，它是指用户对于信息技术的用户态度。PEU和PU影响着用户态度。当人们对系统有较高的感知有用性时，我们可以说他对这个系统持有积极的态度。BIU是指保持某种行为的意志力量。在TAM中，使用信息系统的决定取决于BIU。文卡特斯赫和戴维斯（Venkatesh and Davis）修改了最初的TAM，增加了社会影响和有助认知的流程，建立了新的技术接受模型（TAM-II）。其中，对PU和BIU进行了重新定义，并对每个组成部分增加用户体验的影响进行了探讨。在社会影响进程中有三个部分：SN、自愿、IM。有助认知的流程也包括三个部分：工作相关性、质量输出、结果明确性。SN指一个有影响力的人的支持和反对对于一个人认知的影响。在TAM-II中，假设SN通过PU对BIU有间接的影响。当人们认识到他们的榜样同意使用系统时，他们将会把榜样的信念转化到自己的信仰结构模型中。IM是指在TAM-II模型中SN被假定对IM有积极的影响。这种现象的主要原因是，当工作中的主要成员认为人们应该采取某种行为时，其他人都会表示认同以增加他们在小组中的影响力（如回答一个初学者的问题）。人们使用某种系统来提高自己的表现也会间接地影响他们在小组中的IM。临场感是指使用某些设备来检测一个远程的、真实的环境，然后将接收到的图片、声音以及其他的环境信息发送给本地用户的过程，通过这种方式来让用户体验到远程位置的真实情况。本研究将玩家对于在线网游环境的心理感知定义为临场感。肯和林（Keng and Lin）提出了临场感的三个级别：内容存在、社会存在、个人存在。社交互动（PSI）是媒体用户人际交往的一种方式。巴兰坦和马丁（Ballantine and Martin）提出了利用 PSI 来了解消费者对于在线社区的使用，研究发现较高的 PSI 水平导致了更多的人加入这些在线社区的使用。利伯曼（Lieberman）研究表明，趣味性是个人的内在的态度因素，它会影响玩家在游戏中的主动性、可控性、满意度和愉悦感。本研究将 PP 定义为玩家在游戏过程中所体验到的专注程度、好奇心程度以及愉悦感。

林黄远和蒋其先的研究共提出了 16 条假设，如临场感和 PSI 等。肯和林研究表明，不同级别的临场感的影响和效果有着显著的差距。级别越高，用户就会经历更个性化的相互作用。这就形成了研究假设的基础。假设 1：临场感和 PSI 存在正相关关系。关于 SN、IM、PU，陈和卢（Chan and Lu）发现 IM 对 PU 有积极的影响。另外，受 SN 影响，网络游戏参与者会在意他们的榜样认为这种行为是否合理，这种看法会影响他们参加网络游戏的想法。这就形成了假设 2、假设 3、假设 4。假设 2：SN 与 PU 呈正相关关系。假设 3：IM 与 PU 呈正相关关系。假设 4：SN 与 IM 呈正相关关系。关于 PEU、PU 和 PP，莫恩和金姆（Moon and Kim）确定 PP 会受到 PEU 的影响。另外，PEU 也直接影响着 PU。改善 PEU 可以提高性能并且允许用户完成更多的任务和操作。PEU 所引起的性能改进，反过来会提高 PU。这就形成了假设 5、假设 6 的基础。假设 5：PEU 对 PU 有积极的影响。假设 6：PEU 对 PP 有积极的影响。关于 PSI、SN、PU、PP，马隆（Malon）研究表明，游戏的状态会触发对于感觉和认知层面的好奇。感觉层面的好奇是通过电脑动画中颜色和声音的刺激而产生的。用户将会对将要发生的一切事物感到好奇和兴奋。这就形成了假设 7、假设 8、假设 9。假设 7：PSI 与 SN 呈正相关关系。假设 8：PSI 与 PU 呈正相关关系。假设 9：PSI 与 PP 呈正相关关系。关于临场感、PU、PEU 和 PP，肯和林表明，临场感是指通过媒体对环境产生的认知，就是在玩网络游戏时产生的虚拟的经历。霍夫曼和诺瓦克（Hoffman and Novak）研究表明，临场感的主要目的是让用户体会到更强的参与感，这种参与感会促使玩家继续进行游戏。斯托尔（Steuer）发现媒体的生动性和互动性是影响临场感的两个主要变量。这就形成了假设 10、假设 11、假设 12。假设 10：临场感与 PU 呈正相关关系。假设 11：临场感与 PEU 呈正相关关系。假设 12：临场感与 PP 呈正相关关系。关于 SN、PU、PEU、PP、BIU，在 TAM-II 模型中，SN 通过 PU 对 BIU 有间接的影响，而这个过程被称为内部化。如果人们意识到他们的榜样认为使用这个系统是合理的，那么不管这个系统是强制性的还是自愿的，他们都会将自己榜样的想法纳入自己的信念结构。除此之外，在原始的 TAM 模型中，考虑到内在信仰对 BIU 的影响，增加了扣减项，从而形成了假设 13、假设 14、假设 15、假设 16。假设 13：SN 与 BIU 呈正相关关系。假设 14：PU 与 BIU 呈正相关关系。假设 15：PEU 与 BIU 呈正相关关系。假设 16：PP 与 BIU 呈正相关关系。

在测量方面，临场感（$Cronbach's\ \alpha=0.92$，$CR=0.92$，$AVE=0.62$）用克莱茵（Klein）的 7 个项目来衡量。PSI（$Cronbach's\ \alpha=0.89$，$CR=0.92$，$AVE=0.42$）用鲁宾和斯戴普（Rubin and Step）的 15 个项目来测量。IM（$Cronbach's\ \alpha=0.92$，$CR=0.92$，$AVE=0.85$）用文卡特斯赫和戴维斯（Venkatesh and Davis）的两个项目来衡量。PP（$Cronbach's\ \alpha=0.90$，$CR=0.91$，$AVE=0.55$）用莫恩和金姆（Moon and Kim）的 8 个项目来衡量。PEU（$Cronbach's\ \alpha=0.87$，$CR=0.87$，$AVE=0.54$）用 6 个项目来衡量，PU（$Cronbach's\ \alpha=0.88$，$CR=0.87$，$AVE=0.54$）用 6 个项目来衡量，SN（$Cronbach's\ \alpha=0.90$，$CR=0.89$，$AVE=0.80$）用 2 个项目来衡量，BIU（$Cronbach's\ \alpha=0.84$，$CR=0.83$，$AVE=0.62$）用 3 个项目来衡量，所有的变量都通过七点李克特量表来评估，1 代表强烈不同意，7 代表非常同意。

林黄远和蒋其先的研究结果表明，使用结构方程模型（SEM）来检验假设，临场感对 PSI 呈现出明显且积极的影响（路径系数 $=0.80$，$p<0.001$）。因此，假设 1 成立。SN 对于 PU 没有显著的影响（路径系数 $=0.004$，$p>0.05$），因此，假设 2 不成立。IM 对 PU 没有显著的影响，因此，假设 3 不成立。SN 对于 IM 有着显著的积极的影响（路径系数 $=0.30$，$p<0.001$），因此假设 4 成立。PEU 对于 PU 有着显著的积极的影响（路径系数 $=0.22$，$p<0.001$），因此假设 5 成立。PEU 对于 PP 有着显著的积极的影响（路径系数 $=0.78$，$p<0.001$），因此假设 6 成立。结构方程模型的结果如图 2-2 所示。

根据 PSI、SN、PU 和 PP 之间的关系，其研究发现，PSI 对于 SN（路径系数 $=0.70$，$p<0.001$）、PU（路径系数 $=0.36$，$p<0.001$）、PP（路径系数 $=0.45$，$p<0.001$）有着积极且显著的影响，因此假设 7、假设 8、假设 9 都是成立的。此外，临场感积极并且显著地影响着 PU（路径系数 $=0.20$，$p<0.05$），PEU（路径系数 $=0.71$，$p<0.001$）和 PP（路径系数 $=0.25$，$p<0.01$），因此假设 10、假设 11、假设 12 都是成立的。关于 SN、PU、PEU 和 BIU 之间的关系，研究验证假设 13、假设 14、假设 15、假设 16 都是成立的。这是因为 SN（路径系数 $=0.37$，$p<0.001$），PU（路径系数 $=0.30$，$p<0.001$），PEU（路径系数 $=0.19$，$p<0.01$），PP（路径系数 $=0.21$，$p<0.01$）积极并且显著地影响着 BIU。

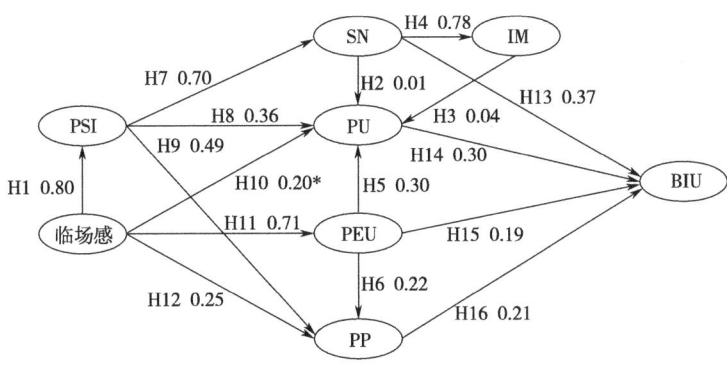

图 2-2 结构方程模型的结果

注：* 表示 $p<0.05$；$\chi^2/df=2.36$；$GFI=0.73$；$CFI=0.97$；$NFI=0.96$；$NNFI=0.97$；$RMSEA=0.07$。

在这项研究中，林黄远和蒋其先使用 TAM 模型和 PP、PSI、SN、IM 这些外部变量建立一个理论结构来分析影响在线游戏使用的行为。结果表明，临场感对 PSI、PU、PEU 和 PP 有积极的影响。也就是说，玩家在玩游戏时所经历的虚拟环境增加了玩家和媒体之间的互动和感知，让玩家不需要花费太多的精力就能体会到愉悦感和满意感。

PSI 对 SN、PU、PP 有积极的影响。玩家和在线游戏之间的个人互动会影响玩家对于在线游戏的态度。当玩家与其他玩家有较高水平的互动程度时，他们就会更多地得到来自其他玩家的承认和接受，从而在游戏中能够得到更多的好奇、满意和愉悦。

SN 对于 IM 有积极的影响。玩家得到的承认水平越高，就越会追求在游戏组中更高的位置。PEU 对 PU 和 PP 有积极的影响。如果一个玩家有较强的信念和高超的游戏技能，他就能从游戏中获得满意和愉悦。

玩家积极的态度会影响他们的意图（例如，SN、PU、PEU、PP 积极地影响着 BIU）。一旦玩家认为他们可以从游戏中获得认可、愉悦感、幸福感、满意感，这就会促使他们开始玩游戏。另外，当玩家知道玩在线游戏不需要花费太多的精力、不需要学太多的东西就可以适应时，他们玩游戏的意愿会更强烈。

该研究的局限性在于调查的参与者主要来自大学，其结果可能不能推广到其他人群中。未来的研究人员可以将研究结果复制到其他人群中去。研究人员还可以调查不同水平的社交互动与 SN、PU、PP 之间的关系。

在线游戏公司应该设计开发具有高水平临场感的在线游戏以增加玩家之间的社交互动、易用性、实用性。这些将反过来激励玩家参与游戏。

林黄远和蒋其先的研究科学严谨，通过结构方程模型，较好地验证了假设，通过虚拟联系的视角，科学分析了影响在线网络游戏采纳的行为，为网游沉溺机制的探索做出了贡献。

也有专家指出网游特性是让人成瘾的主要原因。例如，华中师范大学素质教育研究中心特聘教授陶宏开指出，随着中国网络游戏市场的迅猛发展，日趋严峻的青少年网瘾现象及其带来的社会问题越来越引起各方面的关注与争议。其中最关键的焦点就是，到底是什么导致如此众多的青少年上网成瘾，是不当的教育还是不良的游戏？陶教授认为，不当的教育造成部分青少年心理素质低下是内因，不良网络游戏的诱惑与误导是外因。陶教授认为，对于孩子出现问题的根本原因，古代先哲早已给出明确的答案，即："养不教，父之过。"但是，为什么会出现不同的青少年问题呢？那就是因为有不同的外因，如烟酒、赌博和毒品等的存在导致烟瘾、酒瘾、赌瘾和毒瘾等不同"瘾"的出现。同样，正是不良网络游戏的长期泛滥和大小黑白网吧的违法经营，致使千百万青少年深陷网瘾泥沼而难以自拔。那么，为什么网络游戏会让如此众多的青少年甚至部分成年人上瘾呢？有的人认为，主要是由于这些游戏中存在太多的暴力、色情和赌博等有害内容。有人马上反驳道，在电影、电视和小说里面不也有很多这样的内容吗？难道对人没有坏的影响吗？陶教授承认，其他文化产品也不可能是圣洁的净土，也或多或少包含不良因素，受到人们的批评，需要改进。不同的是，虽然其他文化垃圾也不利于青少年身心的发育，但其危害的广度与深度远远不及目前市场上运营的某些网络游戏。

陶教授认为，网络游戏的三点特性容易让人着迷成瘾。

一是主动性。不同于电影、电视和小说之内容和结局的既定性以及其观众或读者的被动性，网络游戏给予玩家直接参与其中的自我主动性。观众和读者不可能掌控或改变电影、电视或小说里既定的情节与结局。作为游戏玩家，他们却可以在游戏中堂而皇之地做主角，充分地发挥自由主动性，按照自己的意愿操控游戏的进程与结果。相比之下，要在现实生活中实现欲望，其难度远远大于在游戏之中——在那里，只要不停地敲击几个小小的键就可以梦想成真。这是导致青少年荒废学业进而走向沉沦的主要诱因。

二是无限性。无论看电影、电视还是打球、下棋，一般的休闲、娱乐基本上两三个小时就结束了，因此不至于使人过于沉迷。但是，多数网络游戏却不是这样。即使青少年天天长时间地玩，数月乃至几年后仍然打不完。为了长期抓住玩家的心灵，游戏设计者利用青少年争强好胜、喜好新奇、爱攀比的弱点，在游戏里安排了几十、数百的级别、副本、职业和各色琳琅满目的装备及宝物等，而且级别越高越难打，威力越大的宝物越需要时间和金钱才能到手。当然，它的强烈趣味性也刺激青少年日夜不休地拼搏其中。

这样一来，网络游戏已经不是帮助青少年在紧张学习之余放松身心的辅助手段了，而成为他们主要甚至全部的生活内容。已然严重依赖网游的青少年往往否认他们有瘾，而这种拒绝恰恰是网瘾的一种表现，因为他们还执着地要继续玩下去。日久天长，他们就在网瘾泥潭中越陷越深了。

三是控制性。在暴利的强大召唤下，2004年以来，众多企业纷纷转向游戏行业，各色光怪陆离的网络游戏产品逐年激增，使得在北京举行的年度"网络文化博览会"变成以游戏为主要展品的"网络游戏博览会"。面对日益激烈的市场竞争，为了吸引更多玩家的眼球，各游戏商挖空心思地在游戏设计中增加种种更具吸引力的情节、迷幻场景、顶级装备、极品宝物、赌博机制等，以求紧紧地抓住玩家们不放。

各出奇招的游戏商们大打暴力、色情及赌博的擦边球，用团队拼搏、决斗复仇、过时贬值、杀人抢劫、开箱博彩、换装等设定来诱使青少年玩家长时间地盯守在电脑旁。如若玩家离开一段时间，他们的账号可能被盗、装备可能会贬值、游戏角色可能被他人杀死，年少气盛的孩子们当然不甘心这样的落败被害，只得使用"最好"也最简单的办法，那就是一直泡在游戏里。这样做不仅可以保护自己的游戏战果，还可以找机会抢劫其他人的金币和宝物等。不知不觉地，他们的网瘾就难以避免地从轻度一步步地恶化为中度、重度。

陶教授提出，网络游戏的这三大特性使其充满了巨大的诱惑力与强烈的吸引力。正处在发育阶段的青少年，尤其是部分人格还不健全、思辨能力较弱、自控能力不强的孩子，很难抗拒这样的诱惑与吸引。在应试教育仍然根深蒂固的现实社会中，难以企望所有的家长和老师都能给予孩子们完美的素质教育，总会有相当数量的青少年心理素质不高、人格存在缺陷。这些不良网络游戏的广泛运营必然会把这些需要正面引导的孩子推入深不可测的虚拟世界。因此，我们在呼吁并推行教育改革的同时还必须强调净化网络文化，鼓励开发绿色的网络游戏，给孩子们一个健康的网络环境。

诚然，我们并不认为游戏开发商的初衷就是要引诱玩家上网成瘾。但当前的实际状况是，青少年网瘾已经成为普遍而严重的社会问题，成千上万的大、中、小学生因此而厌学、逃课、挂科、退学，甚至猝死、自杀，或堕落、犯罪，他们的家庭陷入痛苦、破碎、绝望的困境。统计数据表明，近几年来，未成年人犯罪大幅度上升，其中70%的犯罪催化剂就是网瘾。

这沉重的现实已经引起举国上下的高度关注。解决问题的途径首先在于调整网络文化的发展方向，其主流应着重在于引导青少年学习时事政治、经济规律，钻研电脑、网络科技的创新，交流与时俱进的心得体会等。同时，也要积极开展健康的网上娱乐活动，不断改进网络游戏的内容、设计及其运行方式。针对上述网络游戏的三大特征，玩网游的主动参与性必须以有教益的内容为前提，其无限性可以在按年龄分级的基础上加以合理的时间限制，不当的游戏设定要一一去掉，让孩子们在寓教于乐的游戏中享受网络时代的文明。

上述文献主要从网游本体机制方面进行了网游沉溺的原因解释，这是为数不多的相关文献，林黄远和蒋其先以及陶教授为彻底揭开网游自身沉溺机制做出了非常宝贵的贡献。

二、网游现状对策之人文流派

人文流派人员数量最多，在研究网游影响、危害或可能后果、产业发展及相应管理对策或措施等方面做出了一定的贡献。具体可分为两类，即网游危害防治类和网游产业发展类。第一类主要研究网游影响，分析相关因素关系，提出相应防治对策等，包括网游相关政策法律等问题研究，主张从政治、法律、经济、社会、家庭和学校等方面采取防沉迷对策和措施，确保减少网游的危害，主要文献如高鸣、成科扬（2007）。第二类主要研究网游产业的发展，主要文献如孙靖（2007）。

魏华、周宗奎、田媛、鲍娜研究了网络游戏成瘾的影响及其作用机制，该研究以491名男大学生为对象，考察了沉浸对网络游戏成瘾的影响、沉浸的前因变量和相关作用机制。结果发现：（1）网络游戏中的沉浸与网络游戏成瘾呈显著正相关，与控制、挑战呈显著正相关；挑战和控制与网络游戏成瘾呈显著正相关。（2）挑战通过沉浸的完全中介作用对网络游戏成瘾产生影响，挑战对网络游戏成瘾没有直接效应；控制除了通过沉浸的部分中介作用对网络游戏成瘾产生影响，还对网络游戏成瘾有直接效应。

李贵兰、宋小花对建立预防大学生网络游戏成瘾的利益驱动机制进行了研究。该研究提到，以往研究大学生网络游戏成瘾问题时，更多关注的是大学生网络游戏成瘾的现状、成因、危害，即使提出了解决的办法，亦缺乏强有力的利益驱动机制。此研究从以下几个方面入手：建立预防大学生网络游戏成瘾的利益驱动机制的基本内容；建立该机制的理论根据、现实依据；打击网络游戏引诱行为与国家发展网络游戏产业的价值平衡，界定网络游戏引诱的标准，研究大学生网络游戏成瘾的问题。

新加坡国立大学的詹井大和单侯川（Jing Da Zhan and Hock Chuan Chan）则从政府对网络游戏成瘾的监管方面展开了研究。该研究认为，互联网以其大量的在线知识改变了世界，改变了人类沟通和协作方式；与此同时也带来了网瘾，网络游戏成瘾所带来的负面结果是十分严重的。大多数政府和组织还没有认识到网络成瘾的严重性和干预的必要性。通过回顾关于网络游戏成瘾的相关文献就可以很容易得出结论，政府在杜绝网络游戏成瘾方面所做的努力还是远远不够的。世界十分关注中国如何减少年轻人玩网络游戏的时间。这一切都表明，在当今社会，网络游戏成瘾是一个比较严重的问题，这个问题应当被世界各地的政府所重视。而信息系统研究人员可以在分析政府监管影响和优化政府监管方面起到很重要的作用。

该研究指出，基于网络游戏或社交网络成瘾所造成的负面影响，越来越多的社会学家、心理学家、医学科学家、研究人员、计算机信息系统科学家们正在调查导致沉溺的原因并且试图寻求潜在的治疗方法。此研究首先讨论网络游戏成瘾的特点，并对可能的网瘾成因进行分析。然后，总结一些主要的网络成瘾的负面结果并讨论政府相关的法律政策。最后，对政府监管网络成瘾提出合理化建议。

该研究在探究网络游戏成瘾的特点时首先回顾了许多研究文献，调查在线玩家的行为，发现了一些网络沉溺者的共同特点，如自卑、缺乏沟通能力、失去兴趣、社交缺陷等。其中一些心理问题与他们所处的社会环境、家庭背景或个人性格特点有关。研究人员发现，一些网游沉溺者停止工作，在工作时间玩在线游戏，对家人和朋友撒谎，放弃睡眠和食物，显示攻击性行为，使用游戏作为一种逃避方式，将自己与外界隔离。严重的网络游戏沉溺者的行为在很多方面类似于吸毒者，比如当他们被禁止玩游戏时，他们的身体或精神会感到不适，这些都是脱瘾症状的主要特点。此外，游戏成瘾者可能不小心甚至故意伤害家庭成员或不相关的人。由此可见，网络游戏成瘾所导致的行为与酒精或毒品成瘾的行为类似。

根据网瘾"组件"模型，无论试剂成瘾还是无试剂成瘾，都具有凸显性、忍耐性、冲突性、情绪波动性、戒断症状和复发性（如表2-2所示）等显著的特征。一些研究者已经将过度游戏与游戏成瘾区分开来，但是这两者在凸显性方面却有相同的表现，因为他们在互联网上花费的时间都在不断地增加。然而，凸显性本身不能充分地断定一个人是否沉溺于网络游戏，网瘾的评定需要考虑到表2-2中的各个因素。

表 2-2 网络游戏成瘾的特点

组件	详情
凸显性	互联网的使用占据了用户的思维与行为活动的中心
忍耐性	互联网用户为了获得满足感不断地增加上网时间与投入程度
冲突性	互联网使用与日常的活动或人际交往发生冲突
情绪波动性	在线网络游戏所引起的主观情绪经历
戒断症状	停止互联网的使用会产生不良的生理反应与负面情绪
复发性	尽管对互联网成瘾进行了控制与治疗，但成瘾行为还是反复地发作

格里菲斯（Griffiths）用以下方式将过度游戏和游戏成瘾区分开来。两个玩家每天在网络游戏上花费大量的时间，经过一段时间之后，前者除了凸显性以外没有发现成瘾的其他特性。而后者则沉溺于在线游戏，并且导致他与妻子、孩子的关系破裂，还失去了工作。他告诉研究人员，他不能停止玩游戏，当他玩网络游戏时，他所有的烦恼都会消失。结合这些表现，我们可以断定他已经沉迷于网络游戏，网瘾的负面影响已经波及他和他的家人。

游戏玩家可以分为病理性游戏玩家和非病理性游戏玩家。病理性玩家比非病理性玩家花费在游戏上的时间更长，并且在游戏过程中对缓解戒断症状表现出更高的期望，更加渴求积极的游戏结果的出现。病理性玩家表现出几个上瘾的特征，如凸显性、情绪波动性和戒断症状，因此，他们更容易沉溺于网络游戏之中。侯赛因和格里菲斯（Hussain and Griffiths）提出，大多数网络游戏成瘾者的心理和行为是相互依赖的。依赖玩家把游戏作为一种调节自己情绪的方式。当游戏突然停止时，他们会表现出强烈的戒断症状，包括感觉喜怒无常、烦躁等。此外，依赖玩家经常因为忽略了家庭而和家人发生冲突。总之，依赖玩家表现出了网游沉溺的几个核心特点。通过分析许多在线游戏论坛的评论，查佩尔等（Chappell et al.）发现，新颖的特点和网络游戏中的社交互动对于新玩家来说是非常有吸引力的。然而，当游戏逐渐地占据了他们的生活时，就将导致负面的影响。随着时间的推移，网络游戏会影响他们的学习和工作，并且损害他们与家人、亲戚、朋友的关系。

该团队对大型多玩家在线角色扮演游戏（MMORPG）最流行的在线游戏模式也进行了研究。在解决"为什么网络游戏成瘾在世界各地如此地盛行？是什么让网络游戏比其他游戏更具吸引力？"问题时，他们用MMORPG这类互动式网络游戏为例。

在许多MMORPG中，游戏玩家之间的合作和相互依存是非常重要的特点，这一特点将MMORPG与传统的游戏类型区分开来。传统的游戏类型包括单机或局域网类型，如《雷神之锤》《虚幻》《反恐精英》等。虽然局域网游戏也可以为用户之间的互动提供渠道，但是互动的范围受到地理的制约。与此相反，MMORPG 的玩家无论在世界各地都可以进行合作。《无尽的任务》这款游戏就为我们提供了很好的范例。在这个游戏中，玩家想要提高自己的等级，除了与其他玩家合作之外别无他法，因为游戏故意设置了难度较大的任务以至于玩家无法单独完成。在其他角色扮演游戏如《星球大战》中，玩家需要扮演不同的职业，他们必须通过交换商品和服务来合作谋生。这可以使得游戏玩家在游戏中获得社会经验并且得到乐趣。而在现实生活中，玩家想要获得相似的社会经验往往会受到物理限制。

一些游戏玩家认为，MMORPG 可以满足他们现实生活中的需求。这就是相对于其他游戏类型来说玩家更喜欢 MMORPG 的原因。此外，MMORPG 玩家之间频繁的互动也会为他们建立深厚的友谊。

此研究对导致网络游戏成瘾的原因进行了探讨。一些研究人员提出，社会交往是造成网络游戏成瘾最重要的原因之一。正如上面所提到的，网络游戏的社会活动为玩家建立深厚友谊和情感关系提供了渠道，为促进玩家之间的社会互动提供了交流平台和工具。许多网络游戏设有虚拟场景供玩家在游戏里见面或交谈（例如交易市场和战场），设有网游中的通信工具（例如社区公告栏和聊天框）为沟通提供渠道。在线游戏已经被设计成为玩家良好的沟通平台。这个平台会保证玩家在游戏环节有良好的交流，从而确保游戏有忠实的追随者。

网络游戏成瘾的形成可能与游戏"流"和人类需求相关。流代表用户与介质的交互是有趣的或探索性的，流的状态可以在玩游戏的时候经历或者体会到。万和仇（Wan and Chiou）在以流和需求作为在线游戏的心理动机的研究中发现，流的状态和网游成瘾之间的关系是稳定一致的。这表明，流的状态可能是网游成瘾的一个决定性因素。他们还分析了网络游戏成瘾在人文主义心理学中的需求动机。根据马斯洛的人类需求层次模型，网络游戏成瘾者将在线网络游戏视为日常生活中像食品、服装或睡眠一样的重要的必需品。对于在线游戏玩家来说，当他们被禁止玩游戏时，他们会感到不安或烦躁。对于非网瘾玩家来说，网络游戏只被看作一种娱乐和放松的形式，他们不会表现出戒断症状，因为网络游戏不是他们生活中的必需品。

网络游戏成瘾的另一个潜在原因是在游戏中可以得到不同的社会经验。社会经验不同于社会交往，社会经验更强调在游戏中个体的经验。叙莱尔（Suler）研究表明，人们在本质上是渴望从不同视角来体验生活的。都陈奥特和摩尔（Ducheneaut and Moore）指出，一些网络游戏（如《星球大战》和

《魔兽世界》）要求玩家选择一定的职业（例如医生、商人、教师或战士），化身和他们的职业是游戏世界形成的基础，所以说每个玩家的化身是虚拟世界里的关键元素。这样一来，玩家就可以享受到他们在现实生活中因为社会和专业知识限制而无法得到的社会经验了。同时，这也有助于解释为什么玩网络游戏可以成为他们逃避现实的方法。

现实生活环境也可能导致网络游戏成瘾。例如，一个人的朋友沉迷于网络游戏，那么这个人可能会更容易参与网络游戏。荣格等（Jung et al.）通过研究表明，同伴影响与互联网联通的范围和强度是呈正相关的，约有80%的受访者提到，他们经常收到朋友们来自互联网的帮助。家庭环境可能是网络游戏成瘾的另一个决定性因素。严等（Yen et al.）提出，家长和青少年的冲突与疏于监管可能与网络游戏成瘾或其他青少年网络活动呈正相关。仪（Yee）的研究表明，26%的男性玩家和40%的女性玩家会和其他家庭成员参加网络游戏。这也帮助我们验证网络游戏成瘾很可能源于现实生活中的人际关系。

有趣的是，很多网络游戏玩家认为，网络游戏是一个帮助他们结识更多人和发展社交网络的方式，甚至有一些人喜欢用这种方式来建立他们现实生活中的社交关系。一些玩家会和他们从未相识的人在网上约会，一些在线玩家认为他们的线上关系远比线下关系更重要、更可靠。

该团队对于网络游戏成瘾的消极影响也进行了研究，指出游戏成瘾会为游戏沉溺者和他身边的人们带来健康方面或社会方面的问题。对玩家带来的消极影响是，青少年最可能成为网络游戏成瘾者，因为他们的自我控制能力比成年人要弱，并且对新鲜事物有强烈的好奇心。当玩家第一次玩网络游戏时，他们会感觉到兴奋、挑战、满足、自由、成就等。随后，当在线网络游戏占据了他们的生活时，正常生活会受到严重影响。例如，在线网络游戏成瘾与学生逃课有着很大的关系。在美国，许多大学生经常不吃饭、不去上课来节省时间去玩《魔兽世界》。在线网络游戏成瘾已经成为美国大学生辍学的主要原因之一。在亚洲，青少年也存在相似的问题。据估计，在香港，大约有30%的中学生表现出网游成瘾的症状。在新加坡，用和美国精神病学会（APA）诊断赌博成瘾相似的标准来衡量，有9%的玩家沉迷于在线游戏，并且研究发现，香港和新加坡对于缓解在线网络游戏成瘾的医学技术水平较低。

在线网络游戏成瘾也会造成玩家的健康状况逐渐下降。大量的玩家通常会牺牲睡眠，花大量的时间坐在电脑前，这导致他们发生头痛、背痛、颈椎病、眼睛疲劳、癫痫的概率会更高。除了身体疾病之外，网络游戏成瘾还会导致精神疾病，如抑郁、恐惧、社交焦虑、社交恐惧症等。陈和诺维兹（Chan and Rabinowitz）发现，玩网络视频游戏会加重青少年注意力缺陷多动症（ADHD）和注意力不集中的症状。在美国，网络游戏成瘾已经被加入APA的名单。在2012年，美国成立了第一个匿名网络游戏自救机制，为网游沉溺者提供治疗和帮助。在中国北京，2005年3月成立了第一家网瘾诊所，这个诊所里的患者大多是青少年，他们被父母送到这里治疗网瘾。

在某些情况下，过度的在线游戏会导致死亡。据报道，韩国一位28岁的游戏玩家因为在网吧连续玩游戏而死于心脏衰竭。在生前的几天中，他没有正常的睡眠，吃的东西也很少。2007年，一位广州的男性在连续玩网络游戏之后昏迷了三天，医生说他昏迷的原因是过度疲劳。《无尽的任务》这款游戏的一个玩家无法忍受游戏的失败而选择自杀。在美国，一位妇女起诉任天堂，因为她的儿子在玩视频游戏后癫痫发作而去世，而在他开始玩任天堂之前从未有过癫痫发作。

该研究指出，网游沉溺同时会对家庭和社会造成不良影响。网络游戏成瘾可能导致攻击行为，无论是有意或无意的。因为一些在线游戏充满了暴力，玩家尤其是青少年可能会受到影响并且开始模仿这些不良的行为。有时，玩家会向他的家庭人员展现不良的行为。例如，佛罗里达州北部的一位母亲被指控杀害她3个月大的婴儿，原因是在她玩一个流行的社交游戏时，孩子的哭声使她烦躁。2010年2月，一个27岁的美国人因为他的妈妈试图阻止他玩《魔兽世界》而几乎杀死了他的母亲。

该研究指出，网络游戏成瘾可能会导致玩家故意伤害其他玩家或者无辜的旁观者。2005年，一个上海玩家杀死了他的一个同伴，原因是他的同伴将他借的虚拟武器卖给了别人。2007年11月，13岁的越南男孩谋杀了一位81岁的老人，抢走了他的钱来玩网络游戏。网络游戏成瘾也会带来其他的犯罪和反社会行为。大多数学生容易出现与网络游戏相关的犯罪，超过70%的罪犯年龄介于15岁到25岁之间。在中国台湾，从2001年开始，网游所导致的盗窃、诈骗案件、抢劫、恐吓等案件急剧增加。在线游戏成瘾还能导致财产犯罪。例如，在中国甘肃，一位当地的警察抓住一个在温室里盗窃的居民。这名罪犯说，在玩过《开心农场》这款虚拟人物偷菜的在线游戏之后，他觉得在现实生活中偷菜会更加刺激。

该研究指出，许多国家纷纷出台游戏分级的政策以减少年轻人接触内容不适宜的游戏的机会。但是，很少有国家对网络游戏成瘾进行规管。在线网络游戏内容评级系统在欧洲和美国有广泛的使用。泛欧洲游戏信息组织（PECI）和娱乐软件分级委员会这两个组织的职责就是对游戏内容进行评级。这就需要游戏产品显示内容特征和警告，比如推荐使用年龄和对游戏内容的描述（例如暴力行为或犯罪行为）。所有的游戏都必须在包装上附上内容描述和年龄层次的标签，让购买者可以看到游戏是否适合他们或他们的孩子。此外，卖方禁止将游戏销售给不适合的消费者，如未成年人。泛欧洲游戏信息组织建立了欧洲视频游戏内容评级系统。2007年，PEGI在线部门成立了，现在所有的在线游戏都会在包装背面多一个"PEGI在线"的图案。这个图案意在提醒消费者，玩这款在线游戏可能会比线下游戏带来的风险要高。PEGI在线部分只给游戏不包含非法或攻击性等内容的网络游戏服务供应商提供牌照，截至2010年8月，PEGI已经对超过15 000个在线网络游戏进行了评级。

在北美，娱乐软件分级委员会（ESRB）为加拿大、美国、墨西哥的电脑和视频游戏进行评级。虽然技术上是自愿提交游戏产品的，但是到2009年，ESRB已经对19 000个在线游戏进行了评级，这是因为大多数零售商店和游戏机厂商不愿意接受未评级的视频游戏。但是，ESRB因为评级不全面而受到了指责，比如有些游戏中含有暴力行为。许多评论家指出，ESRB只注重游戏是否含有色情内容，而忽略了暴力行为。

尽管这些评级系统对游戏产品进行了评级，力争禁止向青少年或者年轻的玩家销售不适合他们玩的在线游戏，一些视频游戏商店却还在向年龄小于评级年龄的儿童销售产品。此外，这些评级系统不能防止儿童通过未经批准的分销渠道获得不适当的游戏产品。例如，青少年可以和他们的哥哥姐姐玩成年人在线游戏，或者让老年人为他们购买游戏产品。

中国是少数几个曾经尝试开发相关法规以防止或减少网络游戏成瘾的国家之一。2007年，新闻出版总署与七个其他政府机构一起共同颁布实施网络游戏防沉迷系统，其目的是遏制在线网络游戏成瘾。该系统要求由网络游戏开发人员监控用户的游戏时间。该系统有两个主要目的，一是游戏时间的审查，二是身份审查。在这个系统中，未成年人（18岁以下）每天玩网络游戏的时间不能超过三个小时。如果超过了三个小时，服务提供商需要限制他们的技能，可选择开启关系游戏中的奖励机制或停止播放。2007年7月16日，这个系统正式投入运行。在该日期之前，游戏开发商必须按照相关规定在游戏开发和发行方面做出改变。任何不包括嵌入式防沉迷系统的游戏被要求必须在2007年7月实施日期之前修改嵌入完毕。

在线游戏防沉迷系统起到了一定的积极作用。根据中国青少年社会服务中心的一则调查，截至2008年，中国小于18岁的游戏玩家已经从2007年的22%降至15%。但是，全面实行此制度仍然存在着许多障碍。在政策宣布两个月以后，新闻出版总署宣称有29家网络游戏未能成功安装检查系统。因此，新闻出版总署向20家在线游戏服务提供商发出了警告，要求它们在游戏中推行防沉迷系统，以避免政府进一步的审查。

在防沉迷系统中，玩家需要输入自己的身份证号和真实姓名进行登录。然而，许多利益相关者认为，这并不能防止未成年人使用他们父母或其他成年人的身份证号进行登录。此外，孩子们可以切换账户或在不同的网络之间切换来绕过一天的时间限制。因此它不能有效地防止未成年人获得网游登录的权限，网游沉溺者可以找到办法绕过登录和时间的限制。

2010年6月，中国文化部公布了《网络游戏管理暂行办法》，自2010年8月1日起正式生效。该办法的目标是全面调整网络游戏产业。根据该办法，网络游戏不应该包括赌博、色情或暴力。此外，在游戏中不能宣扬邪教、迷信或任何有悖于社会习俗及法律的内容。该办法禁止不够年龄的玩家使用游戏供应商提供的虚拟货币来玩在线游戏，它还规定新的玩家需要用自己的身份证号码和真实姓名进行注册。但是，由于该办法是一个全面的规定，其中包括网络游戏产业的许多方面，不只针对防止未成年人沉迷于网络游戏，因此，这项规定是否奏效，还需要长时间的观察。

很多时候，一些网吧运营商用自己的身份信息帮助未成年顾客注册网络游戏，而且，一些小中型游戏运营商正在努力找寻绕过登记步骤的直接登录方法。

此研究结论指出，尽管已经对防止网络游戏成瘾制定了相关的措施（例如对产品贴内容标签、对游戏进行年龄评级、通过身份证号码对访问进行控制），但是它们的效果值得怀疑。由于现行法规中还存在许多漏洞，儿童和青少年仍然能够找到方法来登录与他们年龄不符的游戏。这就意味着网络游戏成瘾仍然是一个重要的社会问题，必须得到重视并且加以解决。

该研究对于政府监管也给出了相关建议。尽管政府已经对造成网络游戏成瘾的相关因素进行了解决，但并不是非常奏效。因此，政府有责任有义务采取额外的措施来遏制网络游戏成瘾的情况。由于儿童经常在放学之后或者周末玩网络游戏，所以一个有效的防沉迷措施就是采取"宵禁令"，从而防止儿童通宵玩在线游戏。越南政府已经采取措施，每天从晚上10点到次日8点禁止访问网络游戏。越南政府会对在线游戏活动进行监管，如果有违反法规的现象，会进行相应的制裁。虽然这将不利于在线网络游戏服务行业盈利，但是这将是防止网络游戏成瘾的关键步骤。不过政府还需要对家长进行网络游戏成瘾的教育。很多情况下，青少年的网络游戏成瘾都是由家长忽略了对孩子抚养和监督的责任造成的。政府可以帮助家长明确在预防网络游戏成瘾中的义务。具体而言，政府需要提高家长对网络游戏成瘾及其带来的负面影响的认识。家长可能不知道如何保护自己的孩子不成为网络游戏沉溺者，这就需要政府起到良好的引导作用。例如，政府应该主动告知家长关于在线游戏评级制度的详情，通过这些信息家长就会知道他们的电脑上是否安装了不适合孩子玩的网络游戏；还可以引导家长通过检查孩子的浏览记录来了解孩子上网时都干了些什么。最重要的是，政府机构、企业、大学组织应当研究并且提倡以家庭为形式的交流和互动，这才是最有可能避免儿童成为在线网络游戏成瘾者的关键。

该研究指出，成人、儿童和青少年都可能沉溺于在线游戏，成年人沉溺于网络游戏会比青少年或者儿童成瘾所带来的负面影响更加广泛。成年人网游成瘾会给自己、家人、同事甚至陌生人带来负面影响。这就意味着政府在规管成人游戏成瘾方面面临很大的挑战。如前所述，网络游戏成瘾会带来和药物成瘾一样严重的后果，因此，对于成年人来说，采取和治疗药物成瘾相同的办法来治疗网络游戏成瘾应该会比较奏效。欧洲建立的第一家网瘾治疗诊所位于阿姆斯特丹，该诊所不允许网瘾沉溺者在治疗期间接触电脑。该诊所建立了由心理医生、精神科医生、治疗师组成的治疗组，他们不断地切换活动以帮助患者忘记网络游戏。在中国、日本和美国也有类似的网瘾治疗诊所。更多国家应该建立起专门治疗网络游戏成瘾的诊所。同时，他们应该在监督网络游戏服务、实施可能防止或减少网瘾的监管机制方面投入更多的资源。

该研究建议，政府应该通过制定具体的法律法规来积极主动地防止网络游戏成瘾，以应对网瘾患病率不断攀升的现状。

最后，该研究对在线网络游戏法规进行了研究。许多先前的研究只对网络游戏成瘾的特点、网瘾潜在的原因、网瘾的消极后果做了一般的调查，很少有研究致力于解决或者防止网游成瘾。由于现行法规没有如预期的有效，各国政府就面临着制定更为实际、更为可行的法律法规来解决网络游戏成瘾的问题。这就意味着研究政府关网络游戏的规管是非常有必要的。研究指出，未来研究政府关于网络游戏成瘾的法律和法规应该在以下两个方面进行改进：第一，关注现有政府法规的漏洞和不足之处是非常重要的。纵观现有的不足之处和现行法规的非预期后果是改进法规的重要步骤。例如，现行法规只针对生产和分销在线游戏进行了游戏评级（例如 PEGI 和 ESRB），但是它们在防止在线网络游戏成瘾方面做的努力却非常有限。正如前面所提到的，有许多障碍会导致这些法规的低效。因此，研究现行法律和法规的缺点应该是未来研究的一个重点。第二，从上述的讨论我们可以清楚地知道，网络游戏成瘾是一个复杂的社会问题，涉及很多的利益相关者，包括游戏生产商和供应商、互联网服务供应商、网吧业主、游戏玩家和家长。未来研究应该厘清每一个利益相关者在防止网络游戏成瘾中的责任，并且他们应该从自己的角度出发对相关法律法规的改进提出建议。研究指出，未来的研究不应仅仅集中在网络游戏成瘾方面，还应该包括其他形式的网瘾，如社交网络成瘾。大量社交网站的日益普及已经导致和网络游戏成瘾一样的现象发生，比如每天花费过多的时间更新他们的账号或者和别人交流。对网络游戏成瘾和其他网络成瘾相同点和不同点的进一步研究，可以帮助各国政府更好地解决这些日益迫切的社会问题。

三、网游设计测量之技术流派

技术流派主要研究网游网络设计、角色设计、技术设计、美工设计、情境设计及网游测量等，此流派人员数量较少，在网游设计发展测量等方面做出了贡献。主要文献包括三类：①网游设计开发技术类，如蔡莉等（2009）。②网游问卷测量类，如维拉辛哈等（Weerasinghe et al）（2012）对幼儿或少年的体育网游可玩性测量、对一款多语言教育网游的流行度评测研究，以及对不同网游计算差异的研究。③网游影响模型特征类，如张红霞和谢毅（2008）研究了动机过程对青少年网络游戏行为意向的影响模型、开放网游的状态和使用情感识别数据的3D交互网游个例。

荷兰的维尔莫斯特等（Vermulst et al）学者研究了在线视频游戏成瘾中如何识别上瘾的青少年玩家。该研究旨在提供一组关于网络游戏沉溺玩家的经验数据，重复设计横断面调查研究，包括在2008年和2009年开展的纵向队列。该研究基于荷兰中小学生（13~16岁）的大样本数据，测量互联网的使用规模、每周在线游戏花费的时间以及一些心理变量。这项研究结果证实了存在着一小群网络成瘾的游戏玩家（3%），约占荷兰13~16岁所有儿童数量的1.5%。虽然这些玩家被报告存在网络沉溺的类似问题，但是这与社会心理健康下降之间的关系并不十分明显。结论是：一小群网络游戏沉溺玩家的识别为关于衡量在线视频游戏成瘾现象量表的开发和验证提供了支持。

韩国和西方很多的研究人员发现，大型多人在线角色扮演游戏（MMORPG）是网络游戏成瘾的罪魁祸首。在MMORPG，玩家在一段时间内会在这个持久的虚拟世界里开发一个或者多个角色（化身）。通常，提高游戏等级必须和其他玩家合作来实现。但是，由于MMORPG经常会引入新的内容，所以玩家几乎是不可能完成所有任务的。这就在玩家的时间上施加了很大的负担，他们将会花费大量时间来维持游戏的进度。其中一个关于《魔兽世界》玩家样本的研究发现，他们中的10%每个星期平均在网络游戏上花费的时间达到63个小时，并且表现出相当大的负面症状。格鲁赛等（Grüsser et al）在一项网上调查中对在线游戏杂志的读者进行采样，依照他们的游戏行为来看，12%的玩家完全满足网瘾的诊断标准。

维尔莫斯特等认为，这些结果表明，存在着一小部分的游戏玩家可以被归类为"网络游戏成瘾者"。这一小部分人群可能会有各种心理问题，比如自卑、情绪抑郁、社交恐惧或者孤独等。然而，心理健康和网络游戏之间的关系是十分复杂的，因为有报道一些人在网络游戏中得到了社交或者心理上的好处。根据先前的研究他们发现，绝大多数的玩家不存在成瘾的倾向，他们推测一小部分的网游成瘾者是存在的。这些非成瘾的游戏玩家没有表现出或者在较小的程度上表现出消极的心理状况和上瘾症状。

维尔莫斯特等认为，由于对游戏成瘾的诊断和定义还存在很多争议，所以对于网络游戏成瘾的定义还没有达成共识，但是这里有几种方法来帮我们理解游戏成瘾。研究人员为衡量游戏成瘾构建新的尺度，通过建立更加完善的措施来避免全部使用统一标准化的尺度或接近特定的人群的尺度的情况。通过应用不同的切入点来评测网络游戏成瘾的症状，随后再对网络游戏沉迷者的数量进行估计。这就会导致根据选定的截止点和组成的样本进行各种各样的估计。因为没有对网络游戏成瘾的定义达成共识，没有一个黄金标准来比较结果，没有在临床研究上运用这些工具，所以这些努力在很大程度上是具有猜测性的。

在他们的研究中，网络成瘾被认为是衡量网络游戏成瘾的合理指标，主要原因有以下几条。第一，他们（利用早期监控研究样本）在网络游戏和网络成瘾之间建立了横截面和纵向关系，简称为强迫互联网使用（CIU）。第二，后续研究发现，在青少年中，各种的互联网活动和在线网络游戏之间的相关性是比较低的。在线网络游戏拥有沉浸式的性质，从而可以确定在线游戏是一个单调的青少年活动。结合在网络游戏上花费的时间，这个指标可以降低错误识别的风险性。因此，CIU所得分数较高并且每个星期在网络游戏上花费的时间比较多就可以帮我们识别网络游戏沉溺者。他们选择了"瘾"这个术语来保持和其他研究组的一致，将那些在非实质性沉溺中的获取高分的玩家称为重度在线网游者。这些标准理论上也可以适用于网上的行为。随之而来的是一些研究问题的产生。两个网游玩家群体（成瘾和非成瘾）可以用数据区的方法来识别吗？如果可以，这些群体有多大？该调查对这些问题进行了解决。最后，该研究讨论了成瘾与非成瘾之间社会心理学方面的问题，进一步在理论上阐明游戏成瘾和心理健康之间的关系。

维尔莫斯特等采用分层抽样的方法，根据地区、城镇化和教育水平选择参与的学校。在全校参与的基础上，鼓励每年重复参与该研究。每年，参与调查的青少年在课堂上将要完成一个小时的问卷，并由一名老师进行监督。此研究为老师提供书面指示，问卷将会密封返回，以保护学生和老师的隐私。鉴于本研究是非侵入性的，所以每年都会向学生的家长取得知情同意。更具体地说，家长将会收到一封信，信中是关于"互联网的使用和健康"调查问卷的研究计划。如果家长不同意他们的孩子参加该项调查，他们可以和学校的相关工作人员联系。研究人员将会把他们排除在研究对象外。孩子们可以通过告知他们的家长和老师来拒绝参与。但是，无论来自孩子还是家长的拒绝都很少发生。目前此研究利用了 2008 年（T1）和 2009 年（T2）的样本。T1 和 T2 总的有效率分别为 79% 和 83%，导致部分样本无效的原因是学校内部排程问题造成了整体辍学。在 T1，有 13% 的班级没有返回任何问卷。在 T2，有 12% 的班级没有返回任何问卷。对于其他的班级，在 T1，每个班的平均问卷回收率为 89%；在 T2，每个班的平均问卷回收率为 92%。在 T1，有 12 所中学参加了调查；在 T2，有 10 所中学参加了调查。在参与调查的这些学校中，有 8 所学校连续参加了这两年的研究活动。子样本的人数统计信息如表 2-3 所示。

表 2-3 子样本的人数统计信息

项 目	全样本		在线游戏玩家		在线游戏玩家（队列中）
	T1	T2	T1	T2	同时包含在 T1 和 T2 的子样本
参与学校	12	10	12	10	8
样本总数	4 559	3 740	1 572	1 476	467
性别（男生）(%)	49	52	82	81	90
荷兰种族(%)	78	78	78	80	80
平均年龄（标准差）	14.35 (1.18)	14.34 (1.04)	14.21 (1.12)	14.24 (1.01)	13.76 (0.79)

鉴于研究的目标，为了识别在线游戏玩家，样本被限制为全体样本中的一个子样本（T1 中的 1 572 人和 T2 中的 1 476 人）。其次，一个名为队列中的游戏玩家的纵向子样本同时包含在 T1 和 T2 中，可以在 T1 和 T2 之间进行识别。本研究的研究范围主要是荷兰中学的学生（平均年龄分别为 13、14、15 和 16 岁）。表 2-3 列出了有关于子样本的性别、种族（荷兰/非荷兰）、平均年龄的信息统计结果。

维尔莫斯特等采取的研究措施是指定网络使用 14 版的《强迫互联网使用量表》（CIUS）来测量 CIU，其中措辞略微有所调整以便让青少年更好地适应。这个调查问卷（采用五分制）涵盖几个成瘾的核心部件：戒断症状、失去控制、显著性、冲突和情绪波动。其中包含的问题如"你曾经试图克制自己不要上网但是失败了吗?""你有没有因为想要上网而忽视了做作业?"等。CIUS的结果在当前研究样本上表现出了良好的可靠性和有效性(在T1和T2的可信度为0.88)。每周网络游戏在线时长是由两个问题来衡量的。第一个问题是五分制的,测量每周游戏在线时间(有"从不""1天或者更少""每周2~3天""每周4~5天""几乎每天"等选项)。第二个问题是七分制的,测量每次玩游戏的平均时长(有"不使用""1~2小时""2~4小时""4~6小时""6~8小时""8小时以上"等选项)。这些问题的答案将会用间隔标度的形式记录下来,然后相乘得到一个每周网络游戏在线时长的平均值。请注意,虽然"在线游戏"不仅仅包括MMORPG,但是监测研究(Monitor Study)显示MMORPG和第一人称射击游戏(使用第一人称的视角进行射击游戏,例如《使命召唤》和《反恐精英》)是目前最为流行的在线游戏类型。

关于心理结果的测量,维尔莫斯特等在研究结果测量方面借助了罗森博格(Rosenberg)的自尊表、UCLA孤独量表、抑郁情绪列表和修订过的儿童社交恐惧表。这些测量标准在荷兰的很多研究中都使用过并且在当前的样本中表现出良好的可靠性。这四种测量,得分越高说明存在的问题就越大。为了便于不同测量标准之间的比较,目前的研究报告标准化的结果。

维尔莫斯特等使用Mplus 5.1[①]来进行潜在类别分析(LAC)。LAC是混合建模技术的一个例子,它有助于识别一群对于测量变量有相同回应的人群。在本研究中,这些人群是根据CIU测试分数和每周在线游戏时长来划分的。研究以探索性的方式来使用LAC,旨在识别存在网络游戏成瘾的小部分人群。除了要满足理论预期,还要有一个合适的指数来选择质量良好的模型。本研究涉及两个指数,将模型简化并且根据统计测试来评价第($k+1$)级解决方案是否优于第k级方案。最好的简化方式是在模拟研究中的贝叶斯信息准则(BIC)。较低的BIC值表示这个模型更简洁。研究执行了带有自导性比例量表(bootstrap likelihood ratio test,BLRT)的数据评估增强模型。BLRT值显著表明,该测试模型(k)优于先前的模型($k-1$)。选择一个解决方案之后,将研究对象转移到SPSS第17版进行纵向过渡的检查。为了便于研究对象之间有更好的解释性和可比性,他们将数据进行标准化。通过Wald c2量表[②]探究了标准心理联系来取得潜在类预测的中值,之后进行因果测试来检测两类差别。本测试的优点在于考虑到了研究对象的概率性质,从而减小估计的偏差。

---

① 一种应用研究人员综合建模程序。
② 一种用于混合建模中潜在类预测器均值相等的瓦尔德检验。

维尔莫斯特等的研究结果是识别潜在类别，表 2-4 以 CIU 测试和每周网络游戏在线时长为基础给出了潜在模型的拟合指标。BLRT 一直报告出显著的结果（$p<0.001$），并且 BIC 值也一直在下降。这表明每个模型都比前一个更优。熵值一直很高，这表明这种识别方法的质量是比较高的。具有较多的周在线时长和较高的 CIU 得分的小部分游戏成瘾玩家是根据三级解决方案来识别的。本组在第四级和第五级方案中的两次时间点中（T1：$N=1\,572$，T2：$N=1\,476$）始终保持稳定。对于三级、四级、五级的解决方案，CIU 和在线时长之间似乎存在着一个线性的关系，类似以一条直线的形式进行分配，在线时长增加的同时 CIU 也会增加。六级模型打破了这种趋势，因为它将最高的 CIU 分成了两个组。表 2-5 表明，第一组（五级）在在线时长方面的增长比较缓和，在 CIU 成绩方面保持稳定或呈下降状态。因此，五级用来表示非网络游戏沉溺者。第二组在网络游戏方面呈缓慢上升趋势，在 CIU 得分方面表现出不成比例的增加。因此，这一组（六级）用来表示可能的在线游戏成瘾者，并且六级模型被作为最终的模型。

表 2-4 贝叶斯信息标准值和不同潜在级别分析模型的熵制

项目	T1（$N=1572$）		T2（$N=1476$）	
级别	BIC	熵	BIC	熵
一	8 941	—	8 399	—
二	8 071	0.977	7 437	0.981
三	7 594	0.968	6 973	0.967
四	7 221	0.965	6 619	0.967
五	6 690	0.972	6 264	0.962
六	6 353	0.989	5 847	0.989

表 2-5 六个潜在级别的模型，六个模型标准和非标准的结果

级别	T1						T2					
	数量	百分比（%）	每周网络游戏在线时长		强迫网络使用		数量	百分比（%）	每周网络游戏在线时长		强迫网络使用	
			得分	每周使用时间	得分	CIUS			得分	每周使用时间	得分	CIUS
一	813	51.7	−0.65	1.8	−0.21	1.7	773	52.4	−0.64	1.7	−0.22	1.7
二	421	26.8	−0.01	9.3	−0.04	1.8	374	25.3	−0.05	9.3	0.00	1.8
三	198	12.6	0.87	19.7	0.36	2.1	179	12.1	0.77	19.8	0.23	2.0

续表

级别	T1						T2					
	数量	百分比（%）	每周网络游戏在线时长		强迫网络使用		数量	百分比（%）	每周网络游戏在线时长		强迫网络使用	
			得分	每周使用时间	得分	CIUS			得分	每周使用时间	得分	CIUS
四	84	5.3	1.94	32.5	0.56	2.2	75	5.1	1.76	32.5	0.48	2.1
五	18	1.2	3.04	45.5	0.30	2.0	27	1.8	2.76	45.5	0.51	2.1
六	38	2.4	3.86	55.3	1.75	2.9	48	3.3	3.52	55.3	1.65	2.8
总计	1 572						1 476					

表2-5给出了六级模型的标准化和非标准化的数据，可以清晰地看到这两年的研究对级别的划分是一致的。非标准化的结果用来表示实际玩的小时数，以此来支撑后面的CIUS中的扣分的发展。这样的结果可以部分归因于反复测量。然而，纵向队列只表示了各个样本里的30%（T1和T2）。从这一点，我们可以假设级别是相对稳定且可复制的。当数据被用来对全国统计（用学习时间、地域、性别、种族和教育水平）以获得荷兰比较有代表性的估计时，在线游戏沉溺者的百分比转换为全国13~16岁人口的1.6%（T1）和1.5%（T2）。

关于心理相关性的考察，维尔莫斯特等通过表2-6给出了六级模型在不同的心理变量上的比较。在抑郁（T2，$p<0.05$）、孤独（T1，$p<0.01$）和自卑（T2，$p<0.01$）上结果有明显的差异。我们很容易看到第六级（游戏成瘾最为严重的一组）在四个心理变量上的平均分比较高。在对网游上瘾最严重的第六级和其他级别进行事后测试的时候，我们发现在抑郁（T2）、孤独（T1，T2）、自卑（T1，T2）上表现出显著的差异。研究注意到第六级成瘾玩家和第五级非成瘾玩家只在一个方面表现出比较显著的区别，那就是成瘾玩家比非成瘾玩家更容易表现出抑郁的情绪。关于级别关系的纵向持久性，维尔莫斯特等通过表2-7表现出各个级别的纵向过渡。结果表明2-7除了第一级的其他级别中第六级最高。在这个队列中，虽然第六级的人数比较少，但是结果显示T1组中的一半网络游戏成瘾者在T2组中仍然属于成瘾者。

表2-6 六类模型的级别与T1和T2内标准化心理结果的比较

级别	抑郁		孤独		社交恐惧		自卑	
	T1	T2	T1	T2	T1	T2	T1	T2
一	0.05	0.02[**]	0.06	0.01[**]	0.00	0.00	0.03	0.04[**]
二	−0.11	−0.02[**]	−0.12[*]	−0.05[*]	−0.03	−0.02	−0.07	−0.11[***]

续表

级别	抑郁		孤独		社交恐惧		自卑	
	T1	T2	T1	T2	T1	T2	T1	T2
三	0.00	-0.14	0.08	-0.11	0.06	-0.06	-0.03*	-0.16
四	-0.08	-0.03	-0.16**	0.04	-0.06	0.11	0.04	0.03*
五	-0.05	-0.21**	-0.37	0.41	0.02	0.01	-0.15	0.13
六	0.31	0.47	0.16	0.67	0.13	0.27	0.39	0.67
卡方值	9.89	11.42	19.96	10.59	1.70	2.90	8.62	20.56
p	0.078	0.044	0.001	0.06	0.889	0.715	0.125	0.001

注：第六组和其他组进行了比较（*表示$p<0.05$；**表示$p<0.01$；***表示$p<0.001$）。较高的值说明在这方面的问题较大。

表2-7 潜在级别和纵向持久性

项目		T2						样本量
		一	二	三	四	五	六	
T1	一	60.6%	24.6%	10.3%	3.4%	0.5%	0.5%	203
	二	37.5%	38.2%	14.6%	6.3%	0.0%	3.5%	144
	三	25.3%	25.3%	34.2%	11.4%	1.3%	2.5%	79
	四	17.2%	27.6%	17.2%	24.1%	10.3%	3.4%	29
	五	0.0%	16.7%	16.7%	16.7%	16.7%	33.3%	6
	六	0.0%	16.7%	0.0%	0.0%	33.3%	50.0%	6
	样本量	202	135	75	33	8	14	467

维尔莫斯特等的研究已经成功地识别两类不同的玩家，一类成瘾并且沉溺于网络游戏，另一类沉溺于网络游戏但是并不成瘾，从而证实了他们的主要假设。这两类玩家在心理健康方面只有轻微的不同。而且，这些成瘾的游戏玩家随着时间的推移表现出持久性，他们通常在一年后仍表现为对网络游戏的沉溺。两个大型的具有全国代表性的样本和CIU被用来对游戏玩家进行分类，经过数据分析后发现有6类不同的玩家。网络游戏玩家非常大的一部分（95%）处于第四组，这类玩家的CIU随着每周游戏时间的增加呈线性增长。而第五组和第六组打破了这个趋势。第五组玩家被识别为网络游戏沉溺者，虽然每周游戏在线时长比较高，但是在成瘾方面与其他组相比表现出稳定或者下降的趋势（2008）。这类网络游戏沉溺者而非上瘾者的规模是比较小的（占在线游戏玩家的1%~2%，见表2-5）。第六组在2008—2009年包含了3%的网络游戏玩家，他们在网络游戏上花费了很多的时间并且比其他组在CIU上的症状明显。因此，他们被识别为网络游戏成瘾者。这些数字被转化

成全国平均水平分别为 1.5%（2008 年）和 1.6%（2009 年）。这些青少年每周的在线时长为 55 小时。随后，相关的心理研究对网络游戏成瘾者进行了调查。结果显示，他们在抑郁的情绪、孤独、社交恐惧、自负等心理变量上的得分比其他网络游戏玩家要高。但是，事后的测试表明，从这个角度看，双边关系不是十分显著的。相比沉溺于网络游戏但非上瘾的玩家，他们只有一个比较显著的差异：在 2009 年的研究中，网络游戏成瘾者比网络游戏沉溺者更容易抑郁。这些不明确的结果表现出在线网络游戏的使用、在线网络游戏成瘾和心理健康之间的关系是十分复杂的。特别是在很强的社会因素影响结果变量的情况下，比如抑郁、自卑等，可能会产生两方面的结果。一方面，在线游戏为玩家提供了体验第二环境的机会，一旦玩家觉得第二环境优于第一环境，就会限制玩家在现实生活中的某个能力。就这样，当一些玩家在网络游戏中找到了自己的避难所时，抑郁、孤独、自卑等情绪就会随之增加。另一方面，这些相关因素对于其他的人也会有相应的影响，因为单一的网络关系不能满足人们在现实生活中的需求。这个假设与早期的理论著作《互联网使用的问题》（作者：Caplan）的内容是一致的。对于在线网络游戏这种复杂关系的进一步研究需要借助统计学的方法，特别是建模。另外，还需要对网络游戏成瘾问题带来的实际伤害和相关问题进行临床的研究。

维尔莫斯特等认为，对一小部分在线游戏沉溺者的识别让他们意识到今后要在评测网络游戏成瘾现象方面多做一些开发和努力。这也证实了先前研究对这一小部分人的发现。同时，该研究打下了一个用来建立经验支撑的定位于网络游戏沉溺的扣分测量的良好基础。虽然已经识别了在线游戏沉溺者，但是我们应当谨慎行事，以免因为适度减值和纵向持久性而造成新的"障碍"。目前的研究有几个优势：它以两个大型的样本为基础，用数据表明荷兰在线游戏成瘾的大概患病率。此外，随着这种现象的不断发展，它还为我们提供了一手的纵向数据。当然，本研究也存在着一定的局限性。第一，该报告采用的是自我报告的数据，肯定会存在一些误差性，因此，用于外部估计结果变量的时候需要考虑到这一点。第二，"每周的小时数"这个变量是乘法运算的结果，可能会受天花板效应的影响，它应该被视为估计值而不是一个绝对值。第三，临床的评测对于心理和网瘾方面是受限制的，有可能未来的研究会涉及这些比较具体的测评，比如多动和狂躁。第四，网络游戏的种类是多种多样的，未来的研究可以进一步对它们进行区分，如将第一人称射击游戏从在线角色扮演游戏中分离出来。

综上所述，维尔莫斯特等研究证实了有一小部分（3%）网络游戏成瘾者的存在。这意味着在荷兰有 1.5% 的 13~16 岁儿童都痴迷于网络游戏。虽然这些玩家存在着类似成瘾的问题，但是对于心理社会健康方面的影响不是很明显。虽然目前基于调查的数据不能确切地确定游戏成瘾的性质，但是对于"网瘾及相关疾病"统一概念的建立还是很有帮助的。

四、网游沉溺研究之借鉴流派

借鉴流派人员数量最少，主要在教育借鉴网游方面做出贡献。该流派主张从网游中借鉴有益因素，进而激发学生学习动机。该流派属于"游戏化教育"流派，主要贡献有：主张网络游戏有教育价值，建议将网络游戏应用到网络教育中；论述了网络游戏应用于教学的可能性；指出教育软件中激发动机的极度缺失是其无法与商业游戏争夺青少年的关键，提出开发网络游戏式活动课程是游戏与教育结合的最佳平衡点。该流派还进行了网游协作学习设计个案研究，提出通过教育网游探索欧洲遗产，探索了语言学习袖珍网游设计，尝试给出教育网游设计的三层思维模型。在2015年，教育游戏专业委员会的成立标志着该流派正式成立了官方组织，并以此为主体开始加强研究。

第三节 网游沉溺机制调研

网游沉溺机制的研究本质上属于网游沉溺原因探究，如前所述，网游沉溺原因探究包括从网游对象心理方面寻找原因和从网游本体机制方面寻找原因，本节内容实际上属于后者。由于前面已经对网游沉溺原因探究流派的观点内容进行了文献分析，这部分内容不再重复。为了专门强调对网游沉溺机制的研究，在此补充相关文献分析。

为什么这些网络游戏会如此流行？一些研究表明，MMORPG存在沉溺诱导功能。这点可以从MMORPG的特点说起，侯赛因和格里菲斯（Hussain and Griffiths）确定了以下六个鲜明的特点：持久性、肉体性、社会互动、以化身为介导、垂直游戏以及永续性。可简单地将MMORPG的特点归为以下三点。第一，每个游戏玩家在MMORPG中都会控制一个化身，这个化身可以扮演不同的角色，如战士、医生、商人、农民、医生等。化身在虚拟世界中是一个非常重要的元素，这个游戏故事的进展就是由这些化身来驱动的。第二，MMORPG的设计主要是基于现实世界的，其中的时间和空间概念是与真实的物理环境相类似的。第三，MMORPG是独立于玩家的持久的世界。这也就意味着，即使玩家退出游戏，这个故事仍然在进行中，由计算机系统或其他玩家所驱动着。MMORPG与其他类型游戏的不同点是其内嵌有社会交往的功能，而这个特点也是网络游戏成瘾的关键原因。安吉和维默·黑斯廷斯（Ng and Wiemer-Hastings）研究表明，永久性是 MMORPG 的另一个显著的特点。在 MMORPG 世界中不存在最终目标，游戏是永无止境的，因为游戏的故事是由每一个玩家来共同决定的。每个 MMORPG 玩家的最终目的是取得进步，这可以通过赚取经验值、战斗或者交易来完成。该项研究已经将网游自身列为研究对象并总结了网游相关特点，为网游沉溺机制的研究提供了部分研究基础。

周玉凯（Yu-kai Chou）则提出了核心驱动力（Core Drive）的观点，认为网游设计中存在 8 个不同的核心驱动力。具体为：①史诗意义和使命感；②发展和成就；③发挥创造力和反馈；④拥有感和占有感；⑤社交影响和联系；⑥珍稀性和无耐性；⑦未知和好奇；⑧失去和避免。这 8 个核心驱动力是周玉凯（Yu-Kai Chou）基于经验总结的人类动机。杨国庆则根据这 8 个核心驱动力列出了以下网站设计并指明了所用驱动力以激励用户行为，如倒计时定时器（核心驱动⑥和⑧）、解锁内容页（核心驱动③和⑥）、虚拟骰子重叠（核心驱动④和⑦）、侧边栏说话的小鸟（核心驱动⑤和⑦）、发光的选择（核心驱动②和⑦）、嵌入式视频（核心驱动①、⑤、⑦）、上尉（Captain Up）或另一个游戏化平台的状态积分（核心驱动②、④、⑥）、页面顶部的问候栏（Hello Bar）显示条（核心驱动①、②、⑥、⑦）、收集游戏技巧（核心驱动②、④、⑥、⑥）、Captain Up 的排行榜（核心驱动②、⑤、⑥、⑦）、证书（核心驱动②、④、⑤、⑥）、博客文章展示会员及发布信息（核心驱动①、②、⑤、⑥、⑦）、Captain Up 的成就象征（核心驱动②、③、④、⑥、⑦）、动画弹出界面（核心驱动①、②、⑤、⑥、⑧）、角色成长图（核心驱动②、③、④、⑤、⑥、⑧）、可以买卖或赎回的交换积分（核心驱动②、③、④、⑤、⑥、⑦、⑧）。此项研究考虑设计细节并分析了相关驱动力，进一步为系统机制的建立打下了可行的设计基础。

安内斯·亚当斯等（Ernest Adams et al）认为，使用术语游戏机制比规则更能表达出其含义，原因在于规则对于玩家来说是明确知晓的，而机制实际上对玩家是隐藏的，它们以软件的形式实现，并不存在一个直观的用户界面供玩家了解它们，玩家在游戏过程中能逐渐掌握它们，经验丰富的玩家可以通过反复观察游戏的运作方式来推断出核心机制是什么，并学会利用核心机制在游戏中得到好处；核心机制与非核心机制并非泾渭分明，即使同一款游戏，对于核心机制，不同的游戏设计师可能会有不同的看法，而且依据游戏中情节的不同，核心机制可能会发生改变；机制涵盖影响游戏运作的一切要素，同一个游戏机制可以通过许多不同的媒介来实现。亚当斯等给出了五种游戏机制来指代游戏中各实体之间的多种潜在关系，这五种机制是物理机制、内部经济机制、渐进机制、战术机动机制和社交互动机制，机制产生可玩性，游戏是否好玩关键在机制，游戏行业根据可玩性将游戏划分为不同类型，展示了一种典型的游戏分类与机制的关联关系（如图2-3所示）。

上述物理机制是指游戏中物体的移动、跳跃或驾驶交通工具等所遵循的物理规律，但没有现实物理学那么严谨。内部经济机制是指游戏元素的收集、消费和交易等机制构成了游戏的内部经济，包括金钱、能源、弹药等这些有形物品和健康、声望、魔力等无形要素。渐进机制是指游戏中有很多用来封闭或解锁前往某一区域的通路的机制，玩家进度被这些机制牢牢控制。战术机动机制是指玩家可以将物资或兵力等分配到地图上的特定位置从而获得进攻或防守优势，该机制通常明确规定了每个可能位置的特定战略意义。社交互动机制是引导玩家之间进行交互的机制。安内斯·亚当斯关于游戏机制的研究比较前沿，为高级游戏设计技术的发展做出了突出贡献。但是，他的研究对象是以单机版为主的游戏，不是网游，因此很遗憾没有看到其研究机制中有关于网游沉溺机制的论述。

第四节　网游沉溺机制机理研究

前面所述四个流派在网游研究方面做出了较大贡献，但网游自身沉溺机制仍不明朗，网游存在哪些机制使人无法自拔？网游自身让人沉溺的机理究竟是什么？这些至今还没有一个较为科学的答案。因此本选题主要研究网游沉溺机制原理，并对网游沉溺机制的创新借鉴进行研究。研究将力图阐明网游自身让人沉溺的机制原理，探索分析网游沉溺机制的实现途径，从网游沉溺机制本身出发进行机制调控，降低网瘾伤害；同时将网游动机激发机制用于学习中。研究网游沉溺机理将是本选题补充贡献所在。

本研究也属于网游沉溺原因探究流派，与该流派主要研究内容不同的是，本研究更加侧重研究网游本身所具有的网游沉溺机制，成瘾只是该机制作用于人才发生的，已有的研究主要是从人的心理角度进行的分析，在网游沉溺心理研究方面做出了不可磨灭的贡献。然而对网游本身导致沉溺的机制却鲜有人敢于深入涉及（部分可能因为有被网游沉溺的风险），正是该机制满足了玩家的各种心理需要才导致了玩家的沉溺，那么它究竟是怎么满足玩家的各种需要的呢？因此对该网游沉溺机制的研究更加重要和迫切。本研究正是基于此冒着被网游沉溺的风险开始的。

在阐明网游沉溺机制后，借鉴网游沉溺机制机理，就可以应用该原理进行相关研究，比如进行学习动机激发借鉴研究，或根据沉溺原理来从内部进

	物理	内部经济	渐进	战术机动	社交互动
动作	控制移动、射击、跳跃等动作的细致物理机制	增益道具（power-ups）；收集要素；得分；生命值	包含难度递增任务的预先设计好的关卡；为玩家设立目标的故事情节		
策略	控制移动和战斗的简单物理机制	单位建造；资源采集；单位升级；将单位置于战斗的风险之中	为玩家提供一系列新挑战的情景剧本	为获得进攻或防守优势而对单位位置的调动	经过协调的行动；玩家间的结盟和竞争
角色扮演	用于处理移动和战斗问题的相对简单的物理机制，经常基于回合制	用装备和经验值来定制角色或队伍	为玩家设立目标的故事情节和任务	团队战术	表演
体育	细致的模拟	队伍管理	赛季；对抗赛；锦标赛	团队战术	
驾驶模拟	细致的模拟	在任务之余对座驾进行维护调整	任务；竞赛；挑战；对抗赛；锦标赛		
经营模拟		资源管理；经济建设	为玩家提供一系列新挑战的故事情节	资源管理；经济建设	经过协调的行动；玩家间的结盟和竞争
冒险		管理玩家的道具库	用来推动游戏发展的故事情节；控制玩家进度的锁-钥匙机制		
益智解谜	简单的、常常是非写实的和离散性的；物理机制产生挑战		一系列短小的关卡，关卡的挑战难度逐渐递增		
社交游戏		资源采集；单位建造；花费资源来定制个性化内容	为玩家设立目标的各种挑战和任务		玩家互相交易游戏内资源；游戏机制鼓励玩家间的协作或冲突

图 2-3 游戏机制和游戏类型的关系

行根本性的防沉溺控制。

　　网游沉溺现象发生的原因包括游戏者自身心理特征原因和网游自身的沉溺机制原因等，而网游沉溺机制原因是引导游戏者走向网游沉溺的主要原因。

因此，课题组通过亲身体验典型网游，试图最终清晰阐明网游沉溺机制机理，在网游沉溺机制研究基础上提出网游沉溺模型，并对网游沉溺机制进行应用研究，研究网游沉溺机制迁移到具体学科知识领域的科学原则或模式方法，以及研究通过控制网游内部进行防沉溺控制，从而为彻底解决网游沉溺造成社会危害的问题提供思路。

从前面综述可见，教育流派已经开始认识到教育软件需要向网游借鉴的最为重要的便是学习动机，已经开始尝试网络游戏与教育的融合，他们的贡献在于为教育软件游戏化的发展指出了可能性、可行性并提出了相关概念，但是具体研究设计有待于深入，网游动机激发机制仍不明朗，因此对于网游的教育借鉴也十分有限。如果能够阐明网游沉溺机制原理及其理论基础，则可尝试将网游沉溺机制创新应用到学习动机促进中，进而为网游沉溺机制在其他学科的应用提供一个范例。

如前所述，关于网游沉溺机制原理模型，从社会和心理层面解释的网络沉溺已有相关主体模型。然而，至今为止，尚未见到从网游自身机制层面进行解释的网游沉溺机制模型。只有通过研究网游自身沉溺机制，才能真正阐明为何网游会导致沉溺，从网游自身来查找探索和研究沉溺机制是关键的一步。因此，通过实践探索并研究网游沉溺的真实机制就成为未来研究要突破的重点。网游沉溺机制探明后，网游沉溺机制的系统模型也就呼之欲出了。其风险在于，体验研究者有可能在体验过程中迷失自己。因此，体验研究者务必要有清醒的自知能力、高度的自控能力和成熟的淡定心理。

在网游沉溺机制系统模型提出后，要对系统模型中的不同机制逐个进行分析，并研究如何转化到具体的学习。不是所有的机制都适合迁移到学习中的，这个转化非常关键，在很大程度上决定了物数形学习动机全面促进机制的成败，因此这是另一个需突破的重点和难点。该重难点的突破有赖于网游模式经验和物数形学习模式经验的交叠和创新。必须具备双方模式经验，否则只有一方模式经验是不可能转化成功的。在确定了网游沉溺可以转换的机制及其转化原则后，就可以在具体学习系统中进行网游沉溺机制的借鉴研究。

本研究的未来研究工作将主要集中在网游沉溺机制的纠正和迁移上面，根据网游沉溺机制创新教育动机激发机制，为彻底解决厌学问题提供一个可行的思路。同时，探索分析网游反沉溺机制的实现途径，主张"解铃还须系铃人"，希望通过网游本身沉溺机制的研究和纠正减轻网游沉溺所造成的危害，借鉴网游动机激发机制，将其迁移引入具体的教育学习，拟尝试在具体认知领域研究出一个成功案例，为其他学科领域学习动机的全面激发做出示范。

总之，本选题着眼于当前网游沉溺和学生厌学实际情况，选题源于社会实际问题，具有一定的实际意义。本研究工作的开展将为后续借鉴研究的开展打下良好的基础，否则后面的网游沉溺纠正研究工作和网游沉溺领域借鉴工作将无从开展。

第三章 网游沉溺机制理论研究

本研究所提沉溺机制与王晴川的网络沉溺形成机制和李一的网络沉溺生成机制有本质区别。这两者研究主要从社会和心理认知层面来阐释网络沉溺，而本研究从网游自身机制方面进行阐释，认为网游机制本身也是造成网游沉溺现象的主要原因，研究视角不同。王晴川主要贡献在于提出了一种网络沉溺的解释模型，即"网络沉溺的主体模型"，认为这一模型强调主体因素是网络成瘾的本源。李一主要贡献在于从社会和心理层面来解释网络沉溺的生成机制。前文提到，这两者与本研究中所提到的沉溺机制的本质区别主要有以下两点：①前两者研究对象主要是泛网络沉溺，是指用户沉溺在网上陷入看新闻、收邮件、看视频、网购等各种网络行为中无法自拔的现象，包括陷入网游行为无法自拔。而本研究对象主要是网游沉溺现象，研究针对性比较强。②前两者研究主要从社会和心理认知层面来阐释网络沉溺，而本研究从网游自身机制方面进行阐释，认为网游机制本身是造成网游沉溺现象的客观原因。

第一节 网游沉溺十大机制

网游沉溺现象发生的原因包括游戏者自身心理特征原因和网游自身的沉溺机制原因等，而网游沉溺机制原因是引导游戏者走向网游沉溺的客观原因。因此，本研究主要通过体验法和典型案例法及亲身体验典型网游，试图最终阐明网游沉溺机制机理。网游沉溺机制理论的主要内容就是网游具备的十大机制，正是这十大机制通过玩家和网游的相互作用导致了网游沉溺现象的发生。这十大机制具体包括主角虚拟机制、场景转换机制、升级冷却机制、公会团队机制、战斗交际机制、奖励悬赏机制、财时交换机制、新老融入机制、公平透明机制、开放发展机制。这十大机制在网游中不是孤立存在的，而是共同作用于典型网游之中的，共同构成网游沉溺机制，是网游沉溺的核心动机激发系统。众多网游沉溺者无一不是为这十大网游沉溺机制所联合驱动而欲罢不能。下面分别给出这十大机制的具体内容。

一、主角虚拟机制

主角虚拟机制包括主角扮演、虚拟现实和精彩情节。

主角扮演是指在网游中玩家都会被赋予一个完全自我控制的主角,主角每次经历及佩戴不同武器、物件或服饰等会带来生命力或技能的改变。主角扮演使玩家主观能动性得到充分发挥,会将自我假想为可掌控命运的另一个活生生的自己,为实现英雄梦而难以自拔。

虚拟现实是指空间虚拟、身份虚拟、情节虚拟和行为虚拟等。它展现现实中的各种场景,甚至创造出现实中难得一见的景色。它使得玩家可按照自己的兴趣来设计虚拟出全新的自己。玩家可体验各种惊心动魄的历程以及在现实生活中无法做到的事而不需承担任何责任。

精彩情节是指网游一般都有精彩完整的情节,自始至终弥漫着主基调和人性主题。情节人物或事物栩栩如生,往往有相关传说,甚至专门有短篇小说,使英雄形象更加鲜明生动。完整详尽的情节背景几乎不逊于一部真正的民族史诗,即使转为影视也备受热捧,极大地满足了玩家的想象、探险和对美好事物的需求,使玩者欲罢不能。

(一) 主角扮演

角色扮演机制就是玩家在游戏中扮演虚拟世界中的一个或者几个角色,在特定场景下参与游戏并与其他玩家扮演的角色进行互动。网络游戏中的角色分为两类:一类是非玩家控制角色,如游戏中给予任务的非玩家角色(NPC);另一类是由玩家控制的角色。本书主要研究玩家控制的角色。

主角扮演是指一般在网游中玩家都会被赋予一个完全自我控制的主角,主角的各种经历都会使经验、体能或技能得到积累,主角佩戴的各种物件都会增强主角的生命力或技能。每次行动或付出均会有明面和潜面的结果。如果出师不利,可以给玩家复活调整再战的机会。

角色扮演机制要求网络游戏设定故事背景、精心制定角色、设计角色拥有的特技和武器,使玩家能够由此完全喜欢并渴望控制或者成为某一角色。《魔兽世界》提供12个种族、11种职业供玩家选择,并请专人编写多个小说对角色进行细化补充,以使游戏背景更加引人注目。玩家在游戏过程中会将现实自我与游戏角色统一,走进游戏角色的世界,难以自拔。

每个人心中都有一个英雄梦,可能与江湖有关,可能与江山有关,可能与法力有关,可能与医术有关。网络游戏能够迎合玩家的心理需求,使玩家体验到更大参与度的关键在于能使玩家在游戏中找到合适的位置。如在《魔兽世界》里,玩家可以是拥有行云流水的防御和变幻莫测的攻击的武僧,也可以是能够召唤风雪、充满智慧的法师，或者是捍卫正义、保护弱者的圣骑士……这种多角色设定使玩家觉得游戏中的角色是可以掌控命运的另一个活生生的自己。

对于主角扮演，相较于其他休闲娱乐活动如电视剧、电影等，网络游戏有更强的主观能动性。主观能动性是指人类特有的认识世界、改造世界的能力与活动。在观看电视剧和电影时，观众只能被动接受故事的发展、演员的表现以及角色的设定。而在网络游戏中，玩家可以选择自己喜欢的角色、服装、装备、队友、联盟，可以尽情演绎自己所掌控的角色的故事。玩家不再是传统的观众或者旁观者，他们作为游戏的一部分推动情节的发展，实现角色等级的提升。主观能动性提升了玩家的地位，让玩家成为故事的主角，演绎"自己"的生活。

（二）虚拟现实

虚拟现实在模拟现实中赋予了玩家安全感。网络的虚拟性表现为网络空间的虚拟性、网络主体身份的虚拟性、网络行为的虚拟性。与之对应，网络游戏的虚拟性表现为空间虚拟性、主体身份虚拟性、游戏背景虚拟性、游戏行为虚拟性。网络游戏场景中的山、水、草木、角色等都是虚拟信息。利用网络多媒体技术，网络游戏将现实中的各种场景——展现，甚至创造出现实中难得一见的景色。正是这种空间虚拟性为主角虚拟空间吸引机制创造了可能。网络主体身份的虚拟性是指网络交往中人的身份是虚拟的，行为人可以按照自己的喜好来设计自己在网络上的形象和语言。在网络游戏中，主体的身份包括其职业、性别、年龄、所属部落、人际关系（师徒关系、夫妻关系）等各种信息。玩家在网络游戏中根据自己的兴趣虚拟出一个全新的自己。游戏背景的虚拟性是指网游公司为使游戏更具吸引力而为整个游戏故事的发生所编制的故事背景。它往往赋予游戏一定的神话色彩，使游戏角色拥有某种历史使命。游戏行为包括游戏交易行为、结婚行为、抢亲行为、劫镖行为等，由于这些行为只涉及网络游戏中的虚拟物品，因此具有虚拟性。网络游戏的虚拟性打破了现实世界的限制，玩家可以体验各种惊心动魄的历程以及在现实生活中无法做到的事而不需承担任何责任。同时，网络游戏主体身份的虚拟性使玩家更具安全感，更愿意在虚拟世界表现出真正的自己。

网络游戏的虚拟时空是指玩家在网络游戏中跨越了现实时间和空间的束缚而获得真正的自由。网络游戏的交际机制允许玩家在不同的时间、地点进行交流，打破了现实的时间、空间限制。网络游戏将空间虚拟为数字系统，真正打破了空间限制。此外，网络游戏的游戏背景虚拟性使玩家跨越时间和空间，进入背景描述的年代、国度，感受背景故事中的兴衰荣辱。例如，玩

《三国时代》可以经历群雄割据、战乱频频、三足鼎立的惊心动魄;玩《梦幻西游》可以体验水帘洞、战神山以及灵台方寸山和地府的神秘色彩。"在人类所有宿命般的悲剧中,有一个永恒的悲剧,就是生命之有限而时间之无限,人生空间之有限而世界之无限;在人类所有的梦想中,有一个梦想就是超越时间和空间的束缚而获得生命的自由。"由此可见,网络游戏的虚拟时空给了玩家绝对自由。

(三) 精彩情节

为了保证任务设置合理以及满足网游玩家角色扮演等需求,网络游戏通常会设定完整的游戏背景、精彩的游戏情节,并且将悲剧色彩和人性主题贯穿于整个网络游戏。例如,《魔兽世界》不仅推出《魔兽正史》,详细介绍了矮人、精灵、兽人以及恶魔的传说,还为首领编写短篇小说,使各个英雄形象更加鲜明、生动。此外,网游公司还邀请专人制作官方小说及漫画,如《龙王的职责》《诅咒之路》《沃金,部落的暗影》,以及与漫画业巨头 DC Comics 携手推出《魔兽世界》官方漫画。这些小说和漫画不仅是对《魔兽正史》内容和细节上的补充,也使游戏更凸显欧洲古老的神话色彩和浓郁的外国风情。《魔兽世界》完整详尽的游戏背景毫不逊于一部真正的民族史诗。

网络游戏精彩的情节设计不仅与任务设置息息相关,也为其在影视行业的宣传起到了很大的促进作用。2004 年,中国第一部由网游改编的电视剧《仙剑奇侠传》在国内引起一股仙侠热。2014 年,电影《魔兽世界》开始拍摄,备受关注。由此可见,网络游戏内容的丰富性对于网游玩家和非网游玩家都具有极大的吸引力。

二、场景转换机制

场景转换机制包括场景之美和音乐之迷。

美是最自然的优势。场景之美往往在第一时间抓住玩家眼球,赋予其最震撼、最触及心灵的视觉盛宴,牢牢地在玩家心中占据一席之地。网游将文字、美图、音乐、视频等整合在一起,利用 3D 和电脑特效等技术为玩家提供一个有立体层次的可感世界。

音乐之迷是指借助宏大华丽的场景,配以凄凉哀怨或豪情万丈的背景音乐,使玩家获得极美的通感体验,给玩家极强的代入感,从而不舍得离开。音乐之迷表现在不同场景所配音乐完全不同,往往是让人留恋的古典或激励战曲。每次音乐场景的转换使玩家耳目一新,仿佛给玩家注入了新的无穷活力,避免了玩家长时间游戏的单一无聊感,使其乐此不疲。

(一) 场景之美

美是最自然的优势。网络游戏只有在第一时间抓住玩家眼球,给玩家最震撼、最触及心灵的视听盛宴,才能在产品琳琅满目的游戏市场占据一席之地。随着技术的发展,最新的网络游戏不再单纯地追求网游本身的趣味性、竞技性与刺激性,而是将文字、图片、声音、音乐和动画、视频等元素整合在一起,利用 3D 和电脑特效等技术为玩家提供一个立体、真实的世界。网络游戏宏大华丽的场景,配以凄凉哀怨或豪情万丈的背景音乐,使玩家在游戏中寻找娱乐和惊险刺激的同时获得最美的感官体验。例如,由像素软件开发、腾讯游戏代理运营的国内首款国风格斗网游《刀剑 2》,采用 3D 引擎和电脑特效,使游戏画面更加细致精美,房檐上淅淅沥沥的小雨、空气中久久未散的硝烟、天空中压城的黑云……宏大而细致的场景刻画配以古风悠扬的音乐,使整个游戏透露出末世的苍凉和绝望,给玩家极强的代入感。玩家在游戏过程中,仿佛置身于刀光剑影、战乱纷争的江湖。

(二) 音乐之迷

画面非常精彩迷人,不同场景往往配奏不同的音乐背景,选择的音乐也让人留恋,往往是古典或激励战曲,视场景而有所不同。音乐包括内城建筑音乐、农场种植音乐、公会音乐、单人挑战音乐、多人组队连战音乐、市场买卖音乐、装备打造音乐、地下迷宫音乐、不同级别篇章的网络战斗音乐、所有人共同战斗音乐、公会对决音乐、神树祈福音乐、技能学习音乐、悬赏音乐、跑环音乐等。所有这些不同的场景音乐会给人一种迷恋感。

三、升级冷却机制

升级冷却机制包括升级激励和冷却待时。

升级激励是指人物、装备、技能、兵力和建筑等的升级,这些升级都会激励玩家,满足其成就感需求。升级后会获得新技能和更多兵力,提升防御、攻击,使人物装扮更华丽。升级主要通过各种打仗、修炼、装备佩戴、收获作物和做任务等来实现。玩家为获得更好的装备、技能或提高级别,会增加玩网游的时间。自我实现需求和自尊需求处于马斯洛需求层次理论的高层级,在现实中不容易实现的不断升级的需求在网游中很容易得到满足,以致玩家尤其是现实生活不顺的玩家更容易为网游吸引。

冷却待时是指除人物升级以外,其他很多升级之后(如建筑升级、技能升级等)都需等待一定时间才能再次升级,这种情况称为冷却。

(一) 升级激励

自我实现需求和自尊需求处于马斯洛需求层次理论的高层级,是人类共同的最高追求。人类想得到他人肯定并且实现自身理想抱负的需求在网络游戏中很容易得到满足,以致玩家尤其是现实生活不顺的玩家更容易沉溺于网络游戏。玩家成就感的满足主要表现在人物升级、各类奖赏、目标完成以及对角色和游戏进度的掌控等。

网游中的升级主要包括人物、建筑、装备、技能等的升级。其中，人物包括自己和带的兵都可以升级。人物的升级主要通过各种经历，如各种打仗、修炼、装备佩戴、收获作物。只有人物升级后，其主政厅才可以升级，主政厅升级后，其他所有建筑如兵营、仓库等才可以升级。各种主体建筑给玩家相关装备、兵力、技能等的升级提供了可能。例如，装备的升级可以通过铁匠铺，兵员的升级通过兵营，技能的升级则通过各种打仗。玩家可以进行各种功能环境打造，各种环境如主政厅、兵营、技能塔、仓库等也都是可以升级的，级别越高，其产生的对象级别就越高。

升级机制大致包括人物升级、装备升级、技能升级、兵力升级和建筑升级等。以任务升级和装备升级为例：人物升级是基础，通过战斗、修炼和做任务等方式实现。升级的过程是人物不断成长的过程。在此期间，玩家在体验从衣衫褴褛、规行矩步的新人到手握宝剑、策马扬鞭的大神的蜕变过程中获得极大的成就感。装备是配有的一些设备。人物装备是指网络游戏中的一些道具，如衣服、腰带、武器、弹药、配方和钥匙等，一般通过购买、系统赠送、打怪掉落以及与其他玩家交换获得。装备升级是指玩家通过完成游戏任务、实际购买或者赠送等方式获得比现有装备更加高级的装备。装备升级后不仅可以使人物装扮更加华丽，还可以提升防御、攻击等技能。

在《魔兽世界》中，装备按类别分为武器、护甲、珠宝、弹药等15种，按品质分为粗糙、普通、优秀、精良、史诗、传说、神器7种。所有装备被划分为1~710级，同时获得这些装备对应的需要等级为1~100级。装备等级越高所对应的需要等级越高。《魔兽世界》中的建筑有小型建筑、中型建筑、大型建筑和附属建筑，其中：小型建筑包括炼金实验室、工坊、制革厂、熔炉、珠宝店、裁缝店、铭文师之家、附魔研究室、仓库、废品站等；中型建筑包括货栈、伐木场、旅店、畜棚、角斗士圣殿等；大型建筑包括兵营、侏儒工厂、兽栏、法师塔、矮人地堡等；附属建筑包括渔夫小屋、宠物小窝、挖掘场和药铺等。玩家达到一定等级以及获得足够金币后，才能获得相应的建筑图纸。为获得更好的装备、技能、建筑，玩家会不断提高自己的级别，增加投入到网络游戏的时间。

（二）冷却待时

冷却待时是指除人物升级以外，其他所有的升级（包括各种建筑物、各种种植物等升级）之后都需要等待一定的时间才能再次升级，这种情况称为冷却。而冷却时间的长短与要升级的对象紧密相关。网游中的冷却多种多样，比如当主角创造的各种建筑物升级后不能马上再次升级，即使已经具备了相关所有资源，必须等待一定时间后才可以再次升级，网游中会显示一个时间进度条，显示距离下一次升级的时间。每次种植完作物以后，不同的作物需要不同的时长成熟，成熟以后才可以收获，这也算一种冷却。有一种例外，如果玩家希望马上升级，就需要花钱获得贵宾（VIP）身份，这样可以连续升级。否则，必须等待当前升级冷却结束后，才能开始新的升级过程。玩家需要花钱购买 VIP 身份，无疑，冷却为网游赚取社会财富开辟了又一条通道。

四、公会团队机制

公会团队机制包括公会组织和团队作战。

（一）公会组织

当玩家成长到一定级别时，就可以创建公会或加入别人创建的公会。公会给玩家同伴感，而且加入公会后，玩家可以在技能塔中修炼学习技能，玩家的相关能力会有一个比例的提升。公会建筑中除了技能塔外，还有公会商城、公会神树等，这些全部是可以升级的。公会有时还会遇到入侵者，歼灭入侵者的玩家会得到奖励。公会神树一旦开启，所有玩家可以获得体能，直到神树消失。公会神树是由公会创始人启动的。公会创始人具有批准或邀请他人加入公会的权力。每次公会祭拜都需要消耗贡献，可以获得随机装备、经验或宝石等奖励。公会是消耗贡献的，创始人创建公会是要消耗黄金的，创建后，每周都会消耗贡献。而贡献则需要由公会成员负担，不能负担的成员会被逐出公会。这种奖罚分明的制度杜绝了现实生活中很多"搭便车"的现象，更容易满足玩家对真正公平的追求。

（二）团队作战

团队是玩家为刷副本、完成团队任务等目的而相互合作的模式。

玩家通过团队作战不断升级，并获得新的技能和装备。在网络游戏中，一般团队作战会比单独行动获得更多的回报，使玩家在短时间内切身体验到合作的力量与重要价值。

网络游戏的团队机制在玩家之间形成盟友关系，并且这种关系往往在多次合作后被固定，因此玩家一般不会轻易"背叛"或者离开团队。团队机制在一定程度上提升了玩家对游戏的忠实度。以《Dota 2》为例，游戏开始时每个玩家都要相互组队，与其他四位玩家共同担任遗迹守护者。在游戏过程中，他们只有相互协作摧毁敌方防御塔和遗迹建筑、击杀敌方英雄、中立生物等，才能获得经验和游戏中的金钱，进而得到新的技能和装备。一般网游会以科学的匹配系统推荐组队以保障游戏的公平性。

五、战斗交际机制

战斗交际机制包括战场打仗和交际情感。该机制一方面满足了玩家交友的需要,另一方面满足了玩家战斗获取收益的需要。通过战斗可以收获战魂、装备、经验等,这些是提升战斗力的必备要素。

战场打仗包括PK(player killing)、炼狱、掠城攻打以及战场共战等。PK是玩家间的单打独斗,没有任何语言沟通,战后决出胜负并分配奖励。除PK外,还可独自炼狱闯关、掠城攻打或与其他同伴一起战场共战闯关,获得收益。

交际情感是指玩家通过网游聊天通信功能展开的交互并收获情感。但很少有玩家利用网游来聊天,一般都是通过它发出好友邀请、组队邀请、战斗指导等。战斗交际机制使玩家在战斗中可通过文字或者语音联系,可赠送电子玫瑰来增加好感,好感度大,对其组队战斗合力有提高作用。该机制满足了玩家获取战胜奖励装备、提升战斗力的需要,同时满足了玩家交友结盟的需要,体现了社交属性,满足玩家各种社交情感体验。情感需求是马斯洛需求层次的中间级,网游情感投入对象众多,如角色、宠物、装备、朋友、机制等。玩家对网游投入的感情越多,就越发难以割舍网游,网游从而拥有大量忠实的客户群。

(一)战场打仗

战场打仗包括同类角色、不同角色之间的战斗或者掠城以及战场机制(或称为共战机制)。

游戏内部为玩家提供两种互动模式:挑战PK和通信交流。PK是一种单纯的技能交流,通过PK,玩家之间相互了解对方的实力,最后系统进行综合排名,分配奖励。PK机制不仅使玩家浴血奋战,也是玩家以武会友的契机和朋友之间进行技能切磋的方式,方便玩家更清楚自己的实力。通信交流是玩家借助游戏系统提供的通信功能进行聊天、交友、组队以及指挥战斗等活动的互动方式。这种方式的优点是玩家之间能够进行文字或者语音联系,增进玩家之间的相互了解。该机制一方面满足了玩家获取战胜奖励装备、提升战斗力的需要;另一方面满足了玩家交友结盟的需要。网络游戏的互动机制体现了游戏社交的属性,使网络游戏转变为一个社交平台,并借以结婚系统、师徒系统、公会、队伍等满足玩家的各种社交体验。

(二)交际情感

情感需求是马斯洛需求层次的中间级,是一种渴望与他人建立友好关系并乐意为之努力的需求。每个人都讨厌疏离和孤独,渴望被爱和被需要。网络游戏通过公会联队机制、团队机制、互动机制以及签到归队机制充分满足了玩家的交际情感需求。

网络游戏为玩家准备了众多情感投入对象，可以分为网游元素、队友、网游本身。网游元素包括角色、宠物、装备等的情感投入。玩家在游戏过程中，对自身扮演的角色、宠物或坐骑、装备或技能都投入时间、努力和感情。网络游戏是一个社交平台，玩家会由于交互机制结交众多朋友。网游的忠实玩家对其完善和改进都会投入极大关注。除网游开发者外，他们对网游投入的感情最多。当玩家对网游产生大量感情投入时，就越发对网游难以割舍。

周颖等在《网络游戏评价模型及指标权重研究》一文中针对网络游戏评价指标体系的第一层提出了 6 种维度，即健康维度、教育维度、设计维度、内容维度、易用维度和其他维度。网络游戏的情感投入机制属于评价体系中的其他维度。网络游戏中的情感投入可以分为以下 4 个方面：①对游戏中角色、宠物、装备等的情感投入。玩家在游戏过程中，对自身扮演的角色、宠物或坐骑、装备或技能都投入大量时间和努力，在悉心照料宠物以及使装备不断升级的过程中必定投入大量情感。②对游戏背景、剧情的情感投入。网络游戏的内容吸引机制是玩家对其背景、情节投入情感的基础之一。玩家在了解游戏背景以及不断推动情节发展的过程中会逐渐进入游戏的世界，产生对恶毒势力的憎恶。③对其他玩家的情感投入。网络游戏是一个社交平台，玩家会对由于交互机制认识的朋友产生亲近以及讨厌等各种情感，尤其会对一起作战的其他玩家投入大量情感。④对网游本身不断完善的情感投入。这种情感投入主要针对某款网络游戏的老玩家或者从网络游戏开始公测就一直参与的玩家。投入越多，放弃就越难。因此，情感投入机制是网络游戏拥有大量忠实客户群的关键。

六、奖励悬赏机制

奖励悬赏机制包括分配任务完成奖励和悬赏任务选择完成两方面。这是网游吸引玩家的核心机制之一。

(一) 分配任务完成奖励

分配任务完成奖励是指玩家在刚进入网游时会被分配非常简单的起步任务，目的是引导玩家学习使用网游。玩家能马上获得相应奖励，并顺利升级，迅速进入游戏。网游为玩家提供了各类新颖的 10 分钟之内的小任务，如采矿、神树充能、公会抵侵、跑环等。这种小任务的完成总能不断给人成就感，为了维持这种成就感，玩家会怀着再实现一个小任务就下线的想法继续停留在游戏中。这种动力最终导致玩家被留在网游中。

网络游戏中的任务是为获得一定的奖励而需要争取完成的、由系统规定的活动。任务的设计具有方向性和目的性，其设计原理是赋予角色技能等手段，在玩家面前设定障碍，引导玩家使用技能手段越过障碍。玩家通过不断完成任务获得经验、金钱奖励和声望变化。《魔兽世界》的一万多个任务中包含普通、精英、传奇、玩家对战玩家（PVP）、团队、地下城、世界事件、传说、护送、英雄10种类型，并且每个任务都明确给出任务背景、任务等级、需要等级、任务难度、推荐人数、任务需要和任务奖励。玩家在接受任务的同时已经了解完成任务的途径和所能得到的报酬。

此外，网络游戏为了能一开始就吸引玩家，往往先将任务简单化。任务设定本身具有情节性，对玩家具有一定的吸引力。玩家通过不断完成任务，不仅能及时获得奖励，还可以推动游戏情节发展。玩家在接触新的游戏时会根据指示了解游戏的背景并在接受任务和完成任务中轻松升级，获得新技能和装备。这种要求明确、奖励分明、反馈及时的任务奖励机制使玩家乐于接受并且完成任务。

（二）悬赏任务选择完成

悬赏任务一般会明确给出任务背景、任务等级、难度和奖励等，玩家在接受任务时已了解任务要求和所能得到的报酬，并在接受和完成任务中升级，获得新技能和装备。这种要求明确、奖励分明、反馈及时的任务奖励悬赏机制成为使玩家沉溺的关键因素之一，不仅因为任务的情节性、奖励的激励性和模拟自然的休闲性，还因为它的及时反馈使玩家很容易体验到"努力就有回报"的真谛。

网游中的奖励悬赏机制是引导玩家的核心机制之一。在玩家刚开始进入网游的时候，网游会引导玩家学习使用网游，包括简单的打仗、装备打造和佩戴等，而这些学习是基于真实情境的，玩家能够马上获得相应的奖励，包括体能、新装备等，同时玩家会非常顺利地升级。任何一款网游在最开始的时候都会让新玩家迅速沉入游戏。

七、财时交换机制

财时交换机制包括时长收益、种植收获和市场交换。这是网游的赚钱机制，即可用财富来购买网游中的时间，一般都可以使用财富来换取对主角技能、经验、级别等的快速提升。玩家如果不想通过长时间耗在网游中，就可以通过支付财富较快达到所要提升的目标。种植收获是指植株种下后经过一定的时间即可收获植株获取收益。它允许使用财富让本应一段时间后才可以收获的植株马上就可以收获。这与时长收益类似。市场交换是指玩家在拥有一定数量的财富值和装备后，可借助游戏商店、拍卖行系统、市场买入新物品或卖出装备。通过它可用财富换取更高装备、植株等，不用的工具或装备也可卖掉。这也是一种财时交换，因为装备高使玩家可更快达到更高级别。

（一）时长收益

时长收益主要通过两方面获得，一是达到一定时长后获得收益。从登录游戏开始，达到一定时长就有收益。二是花钱通过 VIP 特权获得即时收益，从而享受升级后即可冷却，无须等待。因此，相当于玩家使用财富缩短了达到同样目标的时间。

（二）种植收获

网游中会模拟自然中的植物种植和收获，给玩家种植和收获的意义。花费不同，可以买到不同的种子，可以种植不同的作物，不同的作物在收割时会给玩家带来不同的收益，包括黄金、经验、战魂、光能等人物升级必备的要素。从种植到收获是需要一定时间的，农场也是可以升级的，级别越高的土地，从种植到收获的时间就越短。作物也有级别，高级别耗费多、用时长、成效大。农场种植收获机制给予了玩家种植后可以退出游戏，做其他的事情，由作物自行生长，到时再登录游戏收获的便利。

种植收获机制不仅仅限于对自然中的植物进行模拟。例如在游戏《征途》中，玩家达到一定级别后会得到摇钱树。玩家每天可以给摇钱树浇 3 次水，每次需要 10 分钟。在浇水的 10 分钟内玩家可以继续完成其他任务。10 分钟后，摇钱树上会结出相应的金钱。

（三）市场交换

玩家在拥有一定数量的财富值和装备后，便可借助游戏商店或者拍卖行系统买入新的物品或者卖出装备。网络游戏通过模拟真实的交易过程使玩家体验到真正市场交易的感觉。同现实市场交易相同，网络游戏中的交易并不是稳赚不赔。所以，网络游戏中的虚拟市场同样考察玩家对市场的了解度和敏感度。这种市场机制在玩家之间形成一种关于"经济头脑"的无声较量。

想要"赚钱"或者"垄断市场"，就必须学会采用一定的手段。例如，玩家 A 在《魔兽世界》的拍卖行系统中想要垄断市场，可以先将自己的商品价格压低。其他拍卖行想将商品卖出，其价格必须低于 A 所定的价格。此时 A 低价收购所有商品，凭借对市场的判断确定其他拍卖行无货后再提价。这种被现实市场排斥的不正当竞争行为在网络游戏交易市场上却变为成功的秘籍。因此，在经营商店或者拍卖行的过程中，玩家可以轻松体验到现实生活中可能无法获得的成就感。

八、新老融入机制

新老融入机制包括新手指引、熟手签到和老者归队。新手指引是网游在新玩家进入网游后启动的自引导性任务,以确保玩家在新环境中迅速掌控角色和技能,确保该款游戏对新玩家来说上手简单。新手指引机制非常重要,它确保网游能够长期发展并且玩家规模不断扩大。熟手签到机制是网游培养玩家忠诚度的一种有效方法。这在很大程度上保证了每日在线人数。老者归队机制是指玩家在很长一段时间内未登录网游,再次登录网游时会收到丰厚的归队奖励。这使玩家体验到一种归属感和荣誉感,激励玩家很快再次沉入游戏。

(一) 新手指引

新手指引是网游为使新玩家快速入门而制作的网游说明书,以确保玩家在新环境中对角色和技能的掌控得心应手。网络游戏同其他产品相同,想要占据市场,不仅要保证有一定的忠实客户群,还要确保能够吸引新的客户,不断壮大玩家的规模。对于新的玩家最重要的就是新手指引机制。玩家进入游戏官网后通过新手指引对游戏进行详细了解,为游戏做准备。另外,在新手指引中,一般会为新玩家准备详细的新手宝典以及升级路线,并且通过官网论坛或其他形式准备升级攻略等来确保该款游戏对新玩家来说上手简单。例如,《魔兽世界》为新手准备了新手宝典和新兵课堂,详细介绍了如何注册账号、创建角色以及任务、装备和生活技能等。《刀剑2》同样在官网创建新手指南专栏,以视频形式对游戏背景进行介绍,同时以文字形式对游戏的基础操作和职业进行介绍。新手指引机制是确保游戏能够长期发展并且玩家规模不断扩大的重要原因。

(二) 熟手签到

熟手签到机制是网络游戏培养玩家忠诚度的一种有效方法。玩家在游戏中签到会得到相应的奖励,比如经验值、财富值或装备。拥有丰厚奖品的签到活动在一定程度上起到了使玩家每日上线的激励作用。

系统根据签到次数给予不同级别的奖励,签到次数越多,则奖励级别越高,获得的奖励自然也越丰厚。网游在某个特殊节日或者寒暑假举行配有丰厚奖品的签到活动,可以保证很多玩家有时间接触新游戏,并且不会对本游戏失去兴趣。

这种机制不仅使玩家更容易喜欢该款游戏,还可以使玩家体验到一种归属感。例如,腾讯游戏《幻想世界》曾经举办"耗资"五亿经验银两的每日签到活动。第一次签到可以领取开工礼包一份,包括玄铁、宝石袋等;每日签到都可获得小奖章，根据等级随机获得银两、装备、战魂等奖励；累计签到 7 次可获得勤劳小礼包，包括倾世之卡、秘法灵力 100 个、小喇叭包、3 级宝石袋、白金经验卡；累计签到 20 次可领取忠实礼包。这一活动在很大程度上保证了玩家每日在线人数。

(三) 老者归队

如果玩家长时未玩，则再次回归游戏时会收到回归奖励。这不仅使玩家更容易重新接受该款游戏，还可以使玩家体验到一种归属感。

九、公平透明机制

公平透明机制包括公平安全、规则透明和高效反馈。网游真正实现"所有规则，全部明示；规则面前，人人平等"。网游高效的信息反馈使玩家得到极大的心理满足，对玩家产生激励作用，如签到反馈、升级反馈、奖励反馈、悬赏反馈等是非常快速的。

(一) 公平安全

根据马斯洛需求层次理论，安全需求是生理需求得到满足后的基本需求。网游凭借规则的公平有效性使网游的世界秩序井然，同时依赖自身虚拟性保证玩家真实信息的安全，满足了玩家对安全感的追求。

(二) 规则透明

规则具有普遍性，是要求所有参与人员共同遵守的行为准则。相对于现实生活中的各种行为约束而言，网络游戏中的规则更加具有公平性和有效性。公平性是指网游中的规则是针对每一个玩家而言的，真正形成了"规则面前，人人平等"；此外，每一位玩家的付出回报率是相同的，即同时开始加入游戏的两人，付出同样的时间、精力和金钱，应该获得同样的等级、经验等。网络游戏规则的公平性避免了人情社会的暗箱操作，充分维护了每一位玩家的权利，确保玩家受到相同的待遇。有效性是指网络游戏的规则行之有效，每一位玩家都必须被动接受规则，没有逃避规则或者修改规则的可能。规则的公平有效机制将网络游戏的世界变得单纯。由于现实生活存中在很多不公平现象，玩家更需要在网游的虚拟世界中寻找安慰。

(三) 高效反馈

互联网反馈机制是指用户在使用互联网产品的过程中产品对用户发出的信息做出回应的一种机制。获得反馈信息是用户的直接目的或者潜在目的，产品的信息反馈机制是否完善是产品的用户体验是否优秀的判定标准之一。网络游戏是互联网产品的一种，信息反馈的高效和完善性不仅使用户有很好的产品体验，也使用户得到极大的心理满足，对用户产生激励作用。例如，在游戏《征途》中，如果断网或者网页一直处于加载状态，就会出现类似"征途君也不知道怎么了，请重新登录"的提示。

系统每周末自动提示玩家根据贡献值找家族族长领取"工资"。此外，大多数网络游戏中奖励和成长的反馈也是非常快速的。例如，给摇钱树浇水，几分钟后就可以收获金钱；做简单的喝酒任务就可以获得经验值进而升级。相比于现实生活中枯燥艰难且看不到成果的任务，网络游戏高效反馈机制的设计更能使玩家体验到"一分耕耘，一分收获"的真理性和不断成长的感觉。

十、开放发展机制

开放发展机制包括高度开放和永久发展。高度开放体现在网游背景情节开放性、测试开放性和对玩家的高度开放性。网游一般没有固定的游戏结局，可根据玩家反映及设计者想象随时添加。永久发展意味着网游本身不是一成不变的。

（一）高度开放

开放性主要包括三点：①网络游戏背景情节的开放性；②网络游戏测试开放性；③对玩家身份、年龄、地位的高度开放性。网络游戏一般没有设定的游戏结局，可以根据玩家的反映以及设计者的想象随时添加。例如，《魔兽世界》最初只讲述了在艾泽拉斯满目疮痍的大地上部落和联盟协议决裂最终重新开始战争的故事，后来故事的内容逐渐被细化和扩充，最终形成《魔兽正史》，并在此过程中实现游戏本身各种版本的更新和延续。

网络游戏通过情节的开放性使玩家感受到游戏不是一成不变的，游戏的世界充满未知性，由此引起玩家的好奇心和兴趣。而游戏的公开性测试不仅仅帮助游戏开发人员进行各种常规性测试，以便他们找到异常、理清思路，同时提供给玩家全新的机会。在测试过程中玩家寻找游戏的不足并在之后的过程中看到它的改进。此外，传统游戏往往受身份、年龄、金钱等的限制，被局限于一个狭窄的空间，而网络游戏打破了这些限制，给不同年龄段、不同职业的人员提供了同样的娱乐条件。网络游戏高度的开放性使所有网民看到游戏的成长过程。玩家见证了背景故事从简单到复杂的过程，也见证了游戏从存在到停服的过程。玩家以主人翁的身份参与游戏，并且对游戏的新版本和故事充满期待。

（二）永久发展

网游本身不是一成不变的，即使是同一网游也会随着玩家一起成长，不断创新发展变化，持续让玩家受到吸引，无论情节、画面还是人物、装备、技能等都始终在不断更新，永远吸引着游戏者追求更新的成长体验。

综上所述，虽然这十大机制中的每一机制实现起来都很复杂，都需要精细设计，但是它们却能共同融合在一款典型网游中，这体现了网游内在的高效科学管理,从而对玩家产生了强大吸引力。十大机制使玩家在接触网游的最初满足了安全需求、审美需求到情感需求和自我实现需求,以致沉溺其中。从马斯洛需求层次来讲,网游的各个沉溺机制分别满足了玩家四种层次的需求,包括安全需求、情感归属需求、尊重需求和自我实现需求。

第二节 网游沉溺过程研究

在实际网游系统中,网游沉溺是一个复杂的系统性、网络化、个性化的交互过程。网游沉溺过程本质上可以抽象为融入、初发、成长、持续这四个阶段,对于增强用户黏性、激励用户来说,这四个阶段都是值得深入探索研究的。这四个阶段把沉溺十大机制融合在一起,通过使用图形和箭头方式,形成了网游沉溺过程模型,具体如图3-1所示。

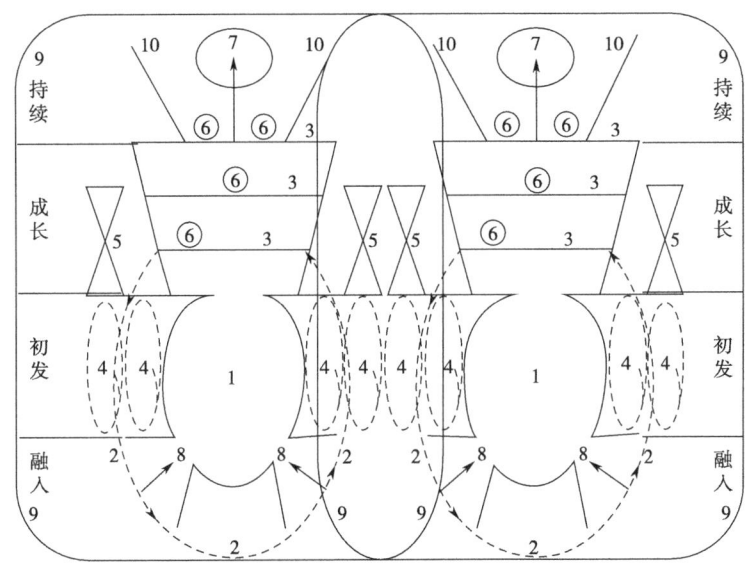

图 3-1 网游沉溺过程模型

图3-1中分布着从1到10这十个数字,每个数字都代表着一种沉溺机制,具体说明如下:1表示主角虚拟机制,它处于蛋形的中心位置,表明主角虚拟机制在网游中处于核心地位;2表示场景转换机制,以多段连续环形箭头方式围绕在主角蛋形的周围,形成同心圆,表示主角会经历各个场景;3表示升级冷却机制,它以倒梯形的台阶形式呈现,表示从主角蛋形上方开放处开始逐渐升级,舞台越向上越宽广;4表示公会团队机制,它以多个相连云状虚线呈现,表示主角与其他用户的交互以及主角融入团队和公会之中,通过集

体来战斗、交互或展示力量；5 表示战斗交际机制，它以两个对角相顶的方式呈现，由于存在交际，所以位于公会团队机制的相邻上方，两个对角相顶表示与其他玩家 PK，同时该符号出现在主角蛋形上方两侧，表示从周边为保卫自己而战斗；6 表示奖励悬赏机制，它以一个个位于不同层级的气泡或任务泡来呈现，主角通过不断地完成任务、获取奖励或悬赏实现升级；7 表示财时交换机制，它以带有更大气泡或任务泡的上升箭头来呈现，表示一旦玩家消耗了财富，比如购买了更好的装备或者获取了 VIP 身份等，则可以在级别台阶上直线上升，避免消耗大量时间来完成任务取得升级，这正是财时交换的真谛；8 表示新老融入机制，它以主角蛋形下方两个开放处的向内箭头来呈现，两个箭头来自环形同心圆的不同位置，表示玩家在不同的时期或阶段均可以随时进入网游，而网游从不会闭门谢客；9 表示公平透明机制，它遍布本过程模型示意图的四个角，表示整个网游沉溺过程模型都处于公平透明机制之内；10 表示开放发展机制，它以位于最上方的两条向外放射性的线段呈现，表示一种开放发展的趋势，它在主角蛋形之上，预示着玩家在不断地升级向上发展，两条线表示网游情节的开放和网游机制本身的发展。

尽管本研究将网游沉溺过程分为融入、初发、成长和持续这四个阶段，但是这四个阶段的划分并没有严格的界限，很多时候，每个阶段都同时有多种机制在共同起作用。下面从融入、初发、成长和持续这四个阶段分别予以说明。

一、网游沉溺过程融入阶段

一个优秀的游戏设计师，最开始思考的一定是希望游戏带给玩家什么样的体验，然后才思考游戏的主题、机制、玩法、美工、音乐、人物等具体细节。设计一个黏住用户的系统，最重要的就是把握用户的情感。

网游沉溺过程的融入阶段，主要是新老融入机制发挥作用。新老融入机制包括三个内容：新手指引、熟手签到、老者归队。融入阶段的主要任务就是增加玩家数量、控制玩家流失。网游营运商会通过各种宣传广告链接拉入新玩家，一旦玩家为精美的游戏画面吸引，开始创建网游账户，那么融入阶段就已经开始了。随后，选定主角，新玩家进入网游后就会立即启动自引导性任务，会有相应的介绍指示的出现，来帮助玩家在新环境中迅速掌控角色和技能，迅速学会第一次打怪，迅速穿戴第一个装备，迅速建设第一个城堡建筑，迅速第一次升级，等等。目的只有一个，就是迅速让玩家体验到玩网游的甜头，让其被深深吸引。新手一旦不得已离开游戏时，脑中会惦记着在网游中收获的成就感，比如说好不容易一下子升到第五级了，就不舍得轻易放弃。另外，还有种植的作物过一定时间就该收获了，建筑物过一定时间就该升级了，下次升级装备可以去打败那个本次没有打过的东西了，等等。

为了保证新手下次会来，除了上面提到的成就感、胜利感和满足感之外，还有就是熟手签到机制和老者归队机制。

在网游沉溺过程的融入阶段，除了新老融入机制作用之外，还有主角虚拟机制、场景转换机制、奖励悬赏机制、升级冷却机制和战斗交际机制等同时起作用。此阶段有点像人类的婴儿学前阶段。

二、网游沉溺过程初发阶段

网游沉溺过程的初发阶段，主要是主角虚拟机制和公会团队机制等发挥作用。在此阶段，玩家已经充分意识到自己就是网游中的主角，自己已经拥有了一个全新的身份，自己已经具备能力去网游中历险那些在现实中不存在或者不可能的事情。玩家逐渐熟悉了网游各种场景的画面和音乐，逐渐熟悉了升级和冷却的规则，逐渐熟练了公会团队的作用。此阶段玩家的主角会升级很快，逐渐升级趋于平稳，逐渐开始出现资源短缺、黄金不足、装备不力、级别仍低、公会团队力量薄弱、战斗力不强的问题。通常这些问题很少会一并抛给玩家，这样的话，玩家会被吓跑的，所以往往是一个个抛给玩家的，玩家被提示出现了某种问题后，由于已经在融入阶段之后了，玩家已经具备相关的知识，就会有意识地寻找相关资源、黄金、装备等来满足达成解决问题的条件。此时，问题的解决往往不会很难，玩家的主角升级会比融入时慢一些，但仍然会很快。每一次升级都会让玩家体会成就感，每一次战斗都会给玩家以战斗经验，而每次成功都会有意外的宝物收获。用户在这个阶段逐渐熟悉了所有规则、选项，逐渐达成多个胜利状态，黏性已经开始。

在此阶段，主角虚拟机制满足着玩家的个人梦想，公会团队机制给玩家集体感，而团队作战、公会祈福又会带给玩家更多的收益，帮助玩家实现快速成长。在这个阶段，玩家已经开始熟练进入主角角色了，能够清楚地知道在网游中可以做什么、做什么可以收益更大。不同的美丽场景配以激动人心的背景音乐使得玩家欲罢不能，每次打斗赢了还想更强，输了不服输，加强装备、提高战斗力，再次打斗，每次升级后都想着赶紧准备下次升级。可以说，初发阶段完成了玩家的初始发展的任务，使得玩家不自觉地频繁进入网游沉溺机制中的主角虚拟机制、奖励悬赏任务、升级冷却机制、战斗交际机制、场景转换机制和透明公平机制，尽管玩家为这些网游沉溺机制驱动，但玩家乐此不疲，丝毫不觉被驱动和控制，始终认为这些都是自己想要的，而且从中摆脱出来已经变得困难了。例如，需要等待时长收益、等待种植收获、等待升级冷却，也有可能已经开始组队战斗，如果自己中途退出，无疑将导致全队失败，那么这种情况下，玩家为了不被其他队员责怪，就会继续任务。此阶段，玩家也开始接触到财时交换机制，但是还没有到频繁接触的时候。此阶段有点像人类的青少年时期。

为什么游戏更能让玩家体会到成长的快乐？或许这和游戏的设计有关。著名神话学家坎贝尔发现，世界各地、各文化的神话故事都有原型。按照他的说法，这个原型就是英雄人物的成长。首先，英雄人物生活在一个没有危险但很单调乏味的环境里（例如游戏里的新手村），然后，一个偶然性的事件触发了剧情的变化，英雄走出新手村而且无法回头。接着，英雄要经历种种磨难。他需要自己的导师，也需要一群小伙伴，最需要的是一个能够激发他的潜能的强大对手。他会先经历一系列小的挑战，这是"试炼之路"。最终他到了"洞穴的深处"，在这里会面临巨大的"磨难"，克服了这些挑战之后，他会得到"宝物"（比如一把屠龙刀或国王的王冠）。到了剧终的时候，英雄会返回故乡，但他已经脱胎换骨，从自己的经历中悟道了。这一套路之所以百看不厌，是因为它契合了人们人格成长的内在规律，能够引起孩子们的共鸣。也正因为如此，有时候，通俗文艺对一个人的成长往往有极其深远的影响。我们在课堂中能够学到的做人之道越贫乏，小说、电影、游戏这些课堂外的教育就越有震撼力。

对于那些喜欢社交的玩家来说，网络游戏给他们提供了一个广阔的舞台。大型的网络游戏中都有公会，大的公会能有几百人。组织一个公会和管理一个企业非常相似，组织者需要吸引一批志同道合者。大家来自不同的背景，有着不同的个性，组织者怎么让他们团结起来，怎么让每个人都发挥出自己的优势，培养默契的团队精神？难怪，《哈佛商业评论》上曾有一篇文章讲道："看一个人是否能够管理好一个互联网企业，最好的标志不是看他有没有MBA文凭，而是有没有创建一个70级的公会。"

三、网游沉溺过程成长阶段

到了网游沉溺过程的成长阶段，玩家已经对各种场景和打法轻车熟路了，玩家级别更高，但是所遇到的升级条件也越来越难，玩家的升级在此阶段艰难而缓慢。升级每次都要耗费大量的资源、时间和黄金，这反而让玩家每次升级后都倍加珍惜，更不容易轻言放弃。玩家甚至开始搜寻各种秘籍，查找实验各种外挂，尝试快速提高自己的战斗力和级别。玩家此时已经被主角虚拟机制、奖励悬赏机制、升级冷却机制、战斗交际机制、场景转换机制和公平透明机制等联合驱动。遗憾的是，随着对网游的全面透彻了解和认知，玩家发现只有两条路可以走，要么拼时间积累资源、黄金和战斗力提升级别，要么花钱买装备、经验和 VIP 身份实现即刻升级，这就是网游沉溺中的财时交换机制。这个阶段，财时交换机制会引导玩家花钱提升自己。在网游沉溺过程的成长阶段，历经各种打斗、会战、升级等的玩家会非常清楚地认识到，除了花钱没有其他方法可以尽快满足自己的愿望。这也是各种秘籍、网游外挂被需求的时候。这个阶段有点像人类的成年时期，玩家已经知道了网游的所有秘密，但是必须用自己的努力才能换来珍贵的升级，以满足自己不断增长的升级欲望，级别越高越不想放弃，网游沉溺初形成。

学习是人类的天性。动物幼崽的相互嬉戏，其实就是在操练如何捕猎和逃避天敌。孩子们在一起玩过家家，也是在为自己进入社会做准备。游戏和学习之间并无分明的界限，打游戏也是一种学习。玩游戏的人大致可以分为四种类型。第一类是"杀手"（killer），喜欢的就是打打杀杀、暴力场面。他们是电子游戏的最早拥趸，但新一代的游戏玩家并非都是这样。第二类是"冒险家"（explorer），他们喜欢的是游戏带来的新奇感，可以到处看看，体验下现实中体验不到的感觉。第三类是"社交家"（socialiser），他们喜欢的是和其他的玩家互动。公会的会长大多是这种类型。第四类可能也是最多的一类，是"自我实现者"（achiever），他们在游戏里寻找的是那种成长和自我实现的感觉。

四、网游沉溺过程持续阶段

在网游沉溺过程的持续阶段，网游已经通过十大沉溺机制牢牢地控制了玩家，尤其是网游的财时交换机制。在这个阶段，玩家已经熟练使用财时交换机制和市场机制来为自己配置更强的装备、增强战斗力，再次提升自己在虚拟网游世界里的级别。一般网游情节的发展会有主线和副线，玩家指挥自己在网游中的主角在主线和副线中尽情拼杀，享受着成功打斗带来的胜利感和成绩。玩家持续在自己创建的高级别公会中活动，带领公会会员开展公会决战，享受着一击俱灭的神话一般的感觉。玩家在享受网游的同时也在不断地砸钱进去，玩家之间也有比拼，尤其是冠军争霸赛，更是一种金钱的游戏。有一位玩家耗资 1 500 万元做过两次某网游的年度冠军，这就是个鲜活的事例。玩家希望持续获得更强的战斗力来战胜其他的玩家，就需要不断地投入时间或金钱，网游沉溺造成的伤害在这个阶段是最多的，如为了筹钱买装备而卖肾，为了争夺网游装备而打官司等。在这一阶段，玩家为了保持或增强自己的战斗力以打败曾打败自己的玩家，或者不为别的玩家所打败，需要持续在网游上花费时间，潜移默化中就会逐渐接受网游中的情况，将网游中的规律当成现实,定力不强的少年玩家就会开始混淆现实,如一个天津孩子模仿《魔兽世界》,纵身一跳致死。在这个阶段,网游沉溺已经形成了。

第三节 网游沉溺条件研究

本研究认为,网游沉溺机制是造成网游沉溺现象的客观原因,玩家的心理特质是造成网游沉溺现象的主观原因,网游沉溺机制的沉溺条件则是网游本身的沉溺机制对网游者心理特质的吻合情况。不同类型玩家的沉溺条件不尽相同,每个人都是不一样的,由于个人成长环境、教育背景、性格等多方面因素的影响,用户使用同一网游产品时也会表现出不同的行为特征。

网游沉溺机制之所以如此强大,是因为网游沉溺机制对马斯洛人类需求层次中各个需求层次的满足。网游的沉溺条件与马斯洛的安全需求层次的吻合情况,主要是看网游沉溺机制当中有哪些机制充分满足了玩家的安全需求。如财时交换机制,网游可以帮助玩家逃避现实的失败和压力,只要种植就有收获,只要战斗就有经验。公会团队机制使得玩家在网游中与他人的关系更融洽,这一点从侧面保证了玩家所需要的安全感。网游的奖励悬赏机制保证了只要签到就有奖励,只要完成任务就有奖励,这些制度充分保证了玩家的安全需求。升级冷却机制使得等级越高、装备越好就越容易取胜,得到他人肯定。另外还有网游的场景转换机制,对于每一个场景,网游玩家熟悉每个场景能做什么、不能做什么,这满足了安全需求,尤其是网游场景画面精美音乐动听,更加让玩家感到安全和舒适。网游沉溺机制的执行离不开网游的公平透明机制,严格公平的奖惩机制保证了付出与回报绝对成正比,这些都极大地满足了玩家的安全需求。

网游的沉溺条件与马斯洛的情感需求(归属和爱的需求)层次的吻合情况主要表现如下:在网游中,网游的新老融入机制使得每个新人都被众星捧月一样,系统会引导玩家战斗、打怪、装备升级等,让玩家充分感受到了被尊重、被需要的情感。如果长时间没有来网游,突然有一天回到网游,系统会给玩家大量的回归奖励,让玩家感觉好像回到了家一样,这种机制充分给玩家以归属感,感到被爱。尤其是网游的主角虚拟机制,使得每个玩家都能够成为游戏的主角,玩家到一定级别还可以创建自己的公会……玩家在网游中的各个方面被需要,使得玩家感受到很强的归属感,网游的战斗交际机制还可以使玩家在网游中结交很多朋友,这些都是对马斯洛情感需求的极大满足,而现实则往往不能够给玩家充分的满足感。

网游的沉溺条件与马斯洛的自尊需求层次的吻合情况如下:网游中的

主角虚拟机制能够很好地满足马斯洛的自尊需求，玩家在网游中能够随心所欲地选择自己的角色、职业、形象或服饰，玩家在一次次战斗升级获得任务奖励，这些都极大地满足了玩家的自尊需求。战斗或 PK 失败也激发了玩家的自尊需求，使得玩家希望提高装备、增加战斗力，再次战斗或 PK，找回自尊。

网游的沉溺条件与马斯洛的自我实现需要层次的吻合情况表现如下：主角虚拟机制允许玩家在网游中可以体验各种游戏角色，允许玩家做与现实中不一样的自己喜欢的人物。而这一点在现实中是根本做不到的，这一点网游完美打败现实。所有网游的财时交换机制、公会团队机制、奖励悬赏机制、升级冷却机制、场景转换机制、开放发展机制、公平透明机制、新老融入机制、战斗交际机制无一不在满足玩家最大程度地实现网游理想、抱负。自我实现的方式不尽相同，但玩家都努力实现自己的期望，使自己在网游中越来越好、能力越来越强。

网游的沉溺条件与马斯洛认知理解和审美的需要层次的吻合情况表现如下：网游震撼华丽的场景转换配以动听优美的音乐，极大地满足着玩家的审美需求，而网游的开放发展机制则充分满足玩家的好奇心，每过一段网游就会有变化，各种迎合现实节日的活动、网游新疆域的开辟、网游新情节的出现或网游新场景的呈现等都在吸引玩家那颗好奇的心。

因此，除了马斯洛的生理需求外，网游能够近乎完美地满足其他几个需求层次。但是显然不是所有人都会被网游沉溺，有一些具备某种心理特质的人就不容易为网游沉溺，这些人往往具备清醒的自知能力（可以时刻警醒处境）、高度的自控能力（可以随时离开诱惑）、成熟的心理（可以做到胜败不究），这也正是本研究体验者所需要具备的。

有学者单独研究网游者的心理特质，进而解释网游沉溺现象；还有学者单独研究网游自身，进而解释网游沉溺。他们都犯了片面化的错误，只有同时研究两者，才能真正解释网游沉溺的发生。网游沉溺机制的沉溺条件研究即网游本身沉溺机制与网游者心理特质的吻合情况研究，必将为真正解决网游沉溺问题提供正确的方向和思路。

从网游沉溺机制的沉溺方式来看，按照是否可移动，可以分为移动网游沉溺和固定网游沉溺。其中，移动网游沉溺按照具体设备划分，又可以分为手游沉溺、平板电脑网游沉溺。对于固定网游沉溺，按照网游地方属性来划分，可以分为家游沉溺和单位游沉溺。总之，网游沉溺方式多样，但万变不离其宗，只要具备了网游沉溺的客观条件和主观条件，网游沉溺即发生。

第四节　网游沉溺理论研究

一、马斯洛学说对网游沉溺机制的支撑

（一）自我接纳和自我实现需求支撑了主角虚拟机制

自我意识可以分为现实自我、理想自我和投射自我。现实自我是从自己的立场对自己现状的看法；理想自我是个人想要达到的完善的形象，是个人追求的目标；投射自我是个人想象自己在他人心目中的形象，想象他人对自己的评价，以及由此产生的自我感。理想自我与现实自我往往存在一定差距，而且当两者差距过大时就会产生自我否定的感觉。主角虚拟机制为玩家提供完全实现理想自我的平台。在游戏中，扮演的角色由自己决定，情节由自己演绎。由于主角虚拟机制可以轻而易举地使玩家体验完全由自己选择的人生和方向，因此相较于存在种种无奈和限制的现实自我，玩家更容易接纳网络游戏中的理想自我。自我实现在一定程度上可以理解为实现理想自我。玩家在安全需求、尊重需求和情感需求都得到满足的情况下，自然会在网络游戏中滋生自我实现需求，而网络游戏的主角虚拟机制可以使其得到充分满足。

（二）审美需求支撑了场景转换机制

除去网络游戏中一切附加的情节、任务等元素，单是精美的场景和动听的音乐就足以让玩家"流连忘返"。在现阶段的网络游戏中，场景和音乐设计已不再是陪衬。网络游戏场景可以被称为计算机和美学设计的结合，是技术与艺术的结合。《魔兽世界》高级美术总监说："我们用光线、材质和阴影仔细制作每一个细节，让玩家的想象透过像素和贴图进入游戏的世界。我喜欢把建筑看作角色本身，每一幢建筑都有它的个性，从门廊上的划痕到议政厅里温暖的壁炉。"由他对场景设计要求细致入微的态度可以看出审美需求的满足在吸引玩家方面占有重要地位。音乐属于网络游戏的艺术之一，它除了与背景结合用于渲染气氛外，其本身的韵律和节奏也使很多人陶醉。如同不少玩家用场景截图作为壁纸一样，很多人也将背景音乐下载下来作为铃声或者用来调节心情。网络游戏的场景和音乐对玩家审美需求的迎合使玩家乐于了解并喜欢这款游戏。

此外，游戏任务推动故事情节发展的同时，游戏场景也不断更新，这使玩家在接受任务时对下一段故事、下一个美景充满好奇。通过做任务，玩家的好奇心得到充分满足，可见网络游戏同样可以满足玩家的认知需求。

(三) 发展需求支撑了升级冷却机制和财时交换机制

成长除了具有长成和长大的含义外，还具有发展提升的意思。大学是大学生不断得以发展和提升的摇篮。可以说，每一个大学生都渴望成长，渴望在学业和职业生涯规划上有明确的方向。成长的核心是各领域的知识和能力的成长，只要抓住了这个核心，就能抓住大学生成长的主要矛盾。因此，可以把大学生成长界定为大学生在学习、生活各个领域的知识、能力的进步。网络游戏的升级冷却机制与大学生明确未来发展方向的需求严密契合。升级冷却机制中对技能、装备、职业和所拥有的兵力等等级的严格划分使玩家在游戏最初选择职业后就能清楚地预见人物发展方向。例如，在《征途》中选择武技系职业剑灵，那么在不断升级的过程中会升职为剑星，最终升职为剑仙；如果最初选择职业为法术系舞娘，人物升级过程为音匠、舞燕，最终成为音仙。如上文所述，在人物升级过程中常常伴随技能、装备、建筑等的升级，使玩家体验到成长过程的同时又能保证他们一直朝最终目标迈进，减少玩家在成长过程中的迷茫无知感，使玩家有明确清晰的发展方向。网游的财时交换机制其实也服务于玩家的发展需求，玩家为了更快获得收益、更快地升级，往往使用财时交换机制来满足自我的发展欲望。

(四) 情感归属需求支撑了新老融入机制

除了给予玩家更多奖励外，使玩家沉溺的原因还在于网游充分满足了玩家归属感的心理需求。大学生正处于社会化发展的关键时期，他们渴望与同龄人相聚、交流、共同成长。在网络游戏里，能够组队一同完成任务、刷副本的大多是"志同道合"的朋友。在困难时有团队支持，在无聊时有朋友相陪。有调查表明，在现实生活中受到排挤孤立的人，在网络游戏中更容易沉迷。网络游戏给他们一种被需要的感觉，使他们感受到自己存在的价值和意义。在游戏中，他们不再是孤立的个体。网络游戏使他们找到并回归组织。另外，玩家可能因为游戏奖励而每天进行签到，但这种机制会给玩家一种心理暗示。游戏签到本身类似于生活中的上班打卡，虽然从目的而言，前者侧重于吸引，后者侧重于监督，但不可否认两者都带有一定的归属性质。归队奖励机制则使玩家感受到自己的回归是受欢迎的。即使是在虚拟的游戏世界中，也没有谁愿意去一个自己不受欢迎的地方。由此可以看出，玩家的情感归属需求在网络游戏中能得到充分满足。

(五) 获得尊重需求支撑了奖励悬赏机制和战斗交际机制

据调查，网络游戏成瘾大学生的自尊水平显著低于健康大学生。一般认为自尊水平较低的人往往具有更高的网络成瘾倾向。玩家通过不断完成任务获得奖励，或者通过不断种植、饲养获得农作物和家禽来获得成就感，转移现实生活中种种原因导致自尊心受挫的不悦。网络游戏利用任务奖励机制和种植收获机制反馈的及时性，使玩家在轻松付出后即可在背包或者仓库中看到收获的结果，并得到一定的赞扬。这种奖励机制使玩家成就感倍增。在游戏中获得的成就感越强，玩游戏的心理动机越大。

此外，任务奖励机制满足大学生在入学初期特有的提醒指导需求。大学生在适应期内，除了新生指南，在生活、学习和社团活动中没有任何指导资料。这种情况容易造成学生的恐惧或者盲目跟风。前者表现为只会乖乖上课，对其他活动概不参与；后者表现为别人如何我就如何，没有自己的主见和想法。在网络游戏中，除新手指南外，对于系统设计的每个任务都有详细的任务介绍和每日任务提醒，这使得玩家清楚地知道自己每天要做什么、如何做，以及完成任务的奖励是什么。这种人性化的提醒指导使玩家轻而易举地上手并可以排除很多未知和不确定因素，从而获得安全感。种植收获机制是《卡通农场》等休闲类游戏的常用机制。由于本身具有休闲娱乐性，种植收获机制可以有效控制情绪失衡，转移人的注意力，使人保持冷静。而战斗交际机制则可以使人的情绪得到发泄，如个人PK机制，不仅可以满足玩家在情绪控制方面的宣泄需求，玩家还可以在战斗交际中收获对手或其他玩家的尊重。

（六）人际交往需求支撑了公会团队机制

互动性可以说是网络游戏具有吸引力的关键所在。玩家对于交友的兴趣源于社会交往的一种心理需求。人是社会性动物，即使在虚拟世界里，社会交往也是必需的。2007年的一份报告显示，网络游戏玩家玩游戏的主要目的之一是交朋友，其比率高达23%。大学生在人际交往上有迫切的愿望。通过人际交往，他们的生活空间得以扩展，视野不断开拓，沟通交流能力不断提高。但是一些内向或者缺乏沟通技巧的人往往在人际交往中表现得较被动或者沉静。这凸显了现实情况和内心需求极大的矛盾。网络游戏的互动机制使玩家表达出自己潜意识中真实的想法。在网络游戏中，他们可以释放对朋友的渴望，与他人建立良好的互动关系。交流互动是玩家心理动机之一，网络游戏采用互动机制满足了玩家人际交往的需求。

（七）安全需求支撑了公平透明机制

网游的公平透明机制全方位、多层次地迎合了马斯洛的安全需求层次。在此机制保障下，网游沉溺机制中的其他多个机制才能充分满足玩家的安全需求。例如，财时交换机制可以帮助玩家逃避现实的失败和压力，只要种植就有收获，只要时长足够就有收益，只要战斗就有经验。公会团队机制使得玩家在网游中与他人的关系更融洽，也从侧面保证了玩家所需要的安全感。奖励悬赏机制保证了只要签到就有奖励，只要完成任务就有奖励。升级冷却机制使得等级越高、装备越好就越容易取胜，就会获得更大的安全感，并得到他人肯定。另外还有网游的场景转换机制，玩家非常熟悉每一个场景能做什么、不能做什么，这满足了安全需求，网游场景画面精美、音乐动听，更加让玩家感到安全和舒适。这一切网游沉溺机制的执行都离不开网游的公平透明机制，严格公平的奖惩机制保证了付出与回报绝对成正比，这些都极大地满足了玩家的安全需求。

（八）认知需求支撑了开放发展机制

网游的开放发展机制充分满足了玩家的好奇心。每过一段时间，网游就会进行版本更新，如各种迎合现实节日的活动、网游新疆域的开辟、网游新情节的出现或网游新场景的呈现等。这些不仅在拨动着玩家那颗好奇的心，也极大地满足了玩家的认知需求。

二、文献或调研对网游沉溺机制的支撑

（一）文献或调研对主角虚拟机制的支撑

主角虚拟机制导致网游吸引力的一个潜在原因是在游戏中玩家可以得到不同的社会经验。社会经验不同于社会交往，社会经验更强调在游戏中个体的经验。苏勒尔（Suler）研究表明，人们在本质上是渴望从不同视角来体验生活的。都陈奥特和摩尔（Ducheneaut and Moore）指出，一些网络游戏（如《星球大战》和《魔兽世界》）要求玩家选择一定的职业（例如医生、商人、教师、战士），化身和他们的职业是游戏世界形成的基础，每个玩家的化身是虚拟世界里的关键元素。这样一来，玩家就可以享受到他们在现实生活中因为社会和专业知识限制而无法得到的社会经验了。同时，这也有助于解释为什么玩网络游戏可以成为玩家逃避现实的方法。

"在人类所有宿命般的悲剧中，有一个永恒的悲剧，就是生命之有限而时间之无限，人生空间之有限而世界之无限；在人类所有的梦想中，有一个梦想就是超越时间和空间的束缚而获得生命的自由。"网络游戏的游戏背景虚拟性使玩家跨越时间和空间，进入背景描述的年代、国度，感受背景故事中的兴衰荣辱。例如，玩《三国时代》可以经历群雄割据、战乱频频、三足鼎立的惊心动魄。玩《梦幻西游》可以体验水帘洞、战神山以及灵台方寸山和地府的神秘色彩。网络游戏的虚拟时空给了玩家绝对自由。

林黄远和蒋其先使用 TAM 模型和 PP、PSI、SN、IM 这些外部变量建立一个理论结构，来分析影响在线游戏使用的行为。结果表明，临场感对 PSI、PU、PEU 和 PP 有积极的影响。也就是说，玩家在玩游戏时所经历的虚拟环境增加了玩家和媒体之间的互动和感知，让玩家不需要花费太多的精力就能体会到愉悦感和满意感。

（二）文献或调研对场景转换机制的支撑

马斯洛指出："丑会使他们（临床试验的人）表现出某种病态，美会使他们痊愈。他们积极地渴望着，只有美才能满足他们的热望。"这一点在网游中也得到了充分的体现，网游震撼华丽的场景转换机制配以动听优美的音乐，极大地满足着玩家的审美体验。

一些研究人员提出，社会交往是造成网络游戏成瘾最重要的原因之一。许多网络游戏设有虚拟场景供玩家在游戏里见面或交谈（例如交易市场和战场），场景平台会保证玩家在游戏环节有良好的交流，从而确保游戏有忠实的追随者。

场景转换机制中的音乐对玩家的吸引力也不可小觑。李燕指出，音乐对青少年的成长起着非常重要的作用，它可以锻炼和影响青少年的智能、心理、知觉、动作、毅力、耐力、时间观念、空间观念、逻辑思维、形象思维、品德修养、想象力、创造力、组织能力、交流能力、适应能力等。

斯坦福大学的监狱实验可以说是心理学历史上最著名的实验之一。其模拟监狱征集了 24 名心智正常的志愿者，其中 12 名充当警察，另外 12 名充当囚犯，实验身份只持续 6 天，100 多人以不同身份接触这些囚犯，但是没有一个人提出质疑，大家都把这个疯狂的角色扮演游戏当成了真实。这个实验从心理意义上得出结论，环境对于人的影响非常强大。因此，网游中的场景、角色造型、装备、世界观、规则、音效、特效和文字等越丰富、越真实、越完整，玩家的沉浸就越深。画面风格写实的游戏和卡通风格游戏、抽象风格游戏相比，在环境上更真实，也就更能增加玩家的代入感。

安内斯·亚当斯等认为，视角转变会带来美学体验。大多数人都将视角或视野的突然转变视为一种愉快的美学体验。对许多人来说，这种突然转变是初学登山时的乐趣之一。在游戏中，玩法和环境的适时转变也能产生类似的效果。这就是最好在游戏中穿插不同风格场景的原因之一。

（三）文献或调研对升级冷却机制的支撑

肯和林（Keng and Lin）研究表明，不同级别的临场感的影响和效果有着显著的差距。级别越高，对用户的吸引力也越高。

意大利幼儿教育者玛利亚·蒙台梭利指出，"反复操作是儿童的智力体操"。在升级冷却过程中，经常需要对网游的内容进行反复操作，可能重复几十次，这样的重复却让儿童感受到力量和独立，得到极大的满足。资深游戏制作人王世颖指出，一个事物有趣无非是过程有趣或结果有趣，而打怪升级兼具这两点。打怪过程给人以简单重复的安全感，打怪的结果还有一定的偶然性，怪物掉落的物品是有概率的，这让升级过程充满期待。这种在平淡重复中或然出现的惊喜恰恰对应了人的赌性，让人沉溺其中，难以自拔。打怪的主要目的是获得经验值以提升等级，次要目的是获得道具和金钱，这两项奖励都是激励玩家坚持下去的动力。而冷却机制则进一步增强了用户的黏性，玩家期待着冷却结束后的再次升级，从而坚持留在网游。

华中师范大学素质教育研究中心特聘教授陶宏开指出，为了长期抓住玩家的心灵，游戏设计者利用青少年争强好胜、喜好新奇的弱点，在游戏里安排了几十、数百的级别、副本、职业和琳琅满目的装备及宝物等，而且级别越高越难打，威力越大的宝物越需要时间和金钱才能到手。当然，网游形形色色的强烈趣味性，也刺激青少年日夜不休地拼搏其中。

美国游戏设计顾问和教师安内斯·亚当斯（Ernest Adams）提出，使用渐增式挑战（escalating challenge）和渐增型复杂度（escalating complexity）模式可以让游戏迅速适应玩家的技巧水平。这是指网游的升级要循序渐进。

（四）文献或调研对公会团队机制的支撑

网游与单机游戏最大的不同之处在于网游能促使人与人之间的互动，形成大量群体。公会和团队便是网游中的群体组织，网游是一个虚拟社会。在美国"9·11"恐怖袭击事件中，北楼着火后，南楼广播本楼"依然安全"，结果广播后不长时间，南楼被另外一架飞机撞击。据事后统计，南楼不同公司的死亡率差异很大，有的无一生还，有的毫发无伤。无一生还的公司通常听信了广播，其中也有一些人感觉到了危险，但是被从众心理驱使着，不好意思逃离，怕被人笑话，怕面对社会压力。毫发无伤的公司中则有一些人逃下楼去，而其他人即使没有觉得危险，也由于从众而跟下去，最终保全了性命。这个实例说明人们为了遵从群体的行为不惜忽视生命。社会心理指的是群体对个体的想法或行为产生的影响。在《皇帝的新衣》中，每个人（除了最后那个孩子）都看到皇帝没穿衣服，但是每个人都不肯说出来，巨大的社会压力把所有人变成了睁眼瞎，只有天真的、未完全社会化的孩子才有勇气说出真相。群体能够给人们带来安全感、亲和感和认同感，使人不会感到孤独并且能获得群体的支持，从群体中收获成就和自尊，获得力量和自信。

网游是一个社会网络，这个网络越庞大、越复杂、互相之间纠结越深，玩家的沉溺就越彻底。玩家的时间、精力和情感是网游最宝贵的财富，是网游的灵魂，是玩家一点一点用虚拟社会关系浇筑出来的。

（五）文献或调研对战斗交际机制的支撑

通过分析许多在线游戏论坛的评论，查佩尔等（Chappell et al.）发现，新颖的特点和网络游戏中的社交互动对于新玩家来说是非常有吸引力的。然而，当游戏逐渐占据了他们的生活时，就将导致负面的影响。随着时间的推移，网络游戏会影响他们的学习和工作，并且损害他们与家人、亲戚、朋友的关系。

一些研究人员提出，社会交往是造成网络游戏成瘾最重要的原因之一。网络游戏的社会活动为玩家建立深厚友谊和情感关系提供了渠道，为促进玩家之间的社会互动提供了交流平台和工具。许多网络游戏设有虚拟场景供玩家在游戏里见面或交谈（例如交易市场和战场）。网游中的通信工具（例如社区公告栏和聊天框）为沟通提供渠道。在线游戏已经被设计成为玩家良好的沟通平台。这个平台会保证玩家在游戏环节有良好的交流，从而确保游戏有忠实的追随者。

具有二十年经验的资深游戏制作人王世颖指出，网游的本质就是PVP，PVP的极致是PK。PVP通常是指"player VS player"的英文缩写，意味着玩家对决，即一名玩家攻击另一名玩家而形成的互动竞技。PK通常指的是"player killing"，原指游戏中高级别玩家随意杀害低等级玩家的行为，后引申发展为"对决"等含义。有研究人员统计过，低等级的玩家被高等级的玩家"杀死"，50%会选择报仇。而在报仇者中，大部分又会花钱去买游戏中的高品质装备，在这种情形下，冲动地花费数万元砸装备的事情并不罕见。

战斗交际机制一方面满足了玩家获取战胜装备、提升战斗力的需要；另一方面满足了玩家交友结盟的需要，体现了社交属性，满足玩家各种社交情感体验。情感需求是马斯洛需求层次的中间级，网游情感投入对象众多，如角色、宠物、装备、朋友、机制等。玩家对网游投入的感情越多，就越发难以割舍网游。

战斗意味着冲突，交际意味着协作。网游中的一切玩家行为都可以归结为冲突和协作。没有冲突，游戏将趋于平淡；没有协作，网游将变成单机游戏。游戏在冲突与协作的交织作用下才能够调动玩家的兴奋点，使玩家活跃起来。

（六）文献或调研对奖励悬赏机制的支撑

奖励悬赏机制主要针对任务而言。任务的吸引力和打怪相反，它没有或然性，没有惊喜，只是一段一段填满玩家的时间，给玩家以奖励，让玩家感受安定。任务和奖励往往都是固定的，对每个玩家都平等，会让人产生"如果自己不做，那就比别人吃亏"的感觉。一旦开始做任务获得奖励或悬赏，就会沉浸在那种连绵不断、总有事情在前面等着的使命感当中，让人无法自拔。

《魔兽世界》是全球最流行的大型多人在线角色扮演游戏（MMORPG），

其制作总监提到，游戏最吸引人的特性之一就是任务体系。任务构思的关键就在于设计那些普通且带有奖赏的低烈度任务，要让玩家能迅速完成这些任务，并能让玩家产生"我想再做一个任务"的感觉，这是游戏体验中的关键诱饵。

美国著名心理学家斯金纳认为，奖励是对于行为的正面强化刺激，奖励可以强化行为，但是随机奖励更容易保持行为。电子游戏在发展中逐渐形成了以奖励为主、奖励和惩罚交替运用的机制。事实证明，这种机制是有效的，它可以维持用户的长久兴趣，并让用户取得快感。当玩家在网游中得到奖励或悬赏等这些快乐的事时，大脑中的"多巴胺能神经元"脑细胞就会被激活并释放出多巴胺。多巴胺是一种神经传导物质，可以影响一个人的情绪。"多巴胺能神经元"喜欢充满期待的预知快乐，当它的预测发生偏差的时候，它会释放出更多的多巴胺，这样虽然玩家没有获得奖励，但是依然会觉得快乐而兴奋，依然会跃跃欲试，自然而然地驱使自己一遍遍地玩下去，沉迷在网游之中。

（七）文献或调研对财时交换机制的支撑

早期的网游都是按照时间收费的。后来，收费模式发生了变化，变为玩网游免费、游戏中的道具收费。这个措施大大增加了用户数量，同时网游收入没有减少，整个游戏产业增速没有放缓。资深游戏制作人王世颖认为，中国在网游的道具收费设计方面已经领先于世界其他国家。网游中的虚拟道具都是非必需品，不买这些道具，原则上也能顺利地去玩这个游戏，但是会花更多的时间和精力，会遇到更大的困难，这正是财时交换机制的关键。网游经济中的一切交易成本都达到一个最低的状态，甚至趋近于零，对玩家造成的直接影响就是购买行为极其简单，点一下鼠标即可。这种方便快捷的交易方式大大促进了玩家的购买行为。

《魔兽世界》的制作总监提到，虽然有大量铁杆玩家，但多数人仍对订阅服务费、月费以及所有相关问题感到陌生，他们的理解层面更多停留在主机游戏产品上，所以要通过辅助手段来确定游戏中适宜的任务量以及玩家升级与学习新技能的方式。

在现实生活中，经济是一种使资源得以生产、流通和消费的系统，这些资源数量是可量化的。很多游戏决定了资源如何产生和消耗。游戏内部经济还包括现实中不存在的资源，如生命值、经验值和技能等。要理解一个游戏的可玩性，理解它的经济机制至关重要。

（八）文献或调研对新老融入机制的支撑

新老融入机制本质上属于情感激励。王世颖指出，玩家在游戏中拥有了太多东西,每一样都不忍放弃,造成从情感上没办法离开这款游戏,这被称为"所有权依恋"。汉代刘珍在《东观汉记·光武帝纪》中提到的"家有敝帚,享之千金"就是这个道理。网游中玩家所拥有的东西有数值类的等级、经验、积分和虚拟货币等,有虚拟物品类的武器装备、防具、药品、宠物、土地、植物、衣物等,有社会关系类的好友、师徒、夫妻和公会等,有资格荣誉类的 VIP 身份、各种称号等特权。每个所有权都像一个绳索,将玩家套在游戏中,玩家所有权越多,绳索越多,产生的合力越大,网游的黏性就越强。玩家布置家园或加工武器,过程复杂,耗时较大,有一定创造性和个性,在此过程中,玩家付出了劳动、智慧、时间和情感,这些都会转换为更深重的所有权依恋。所以,网游中的打造系统、合成系统、宠物养成系统、家园系统等都是非常具备持久吸引力的系统,网游的长期黏着度很大程度上来自这些系统。新手融入是因为新颖性的吸引,而熟手签到、老者归队则主要是因为所有权依恋。

(九) 文献或调研对公平透明机制的支撑

王世颖认为,网游中也不患寡而患不公。美国的亚当斯(Adams)给出公平理论的公式为 $Q_p/I_p=Q_o/I_o$。Q_p 代表一个人对他所获报酬的感觉。I_p 代表一个人对他所做投入的感觉。Q_o 代表这个人对某比较对象所获报酬的感觉。I_o 代表这个人对比较对象所做投入的感觉。公式中最重要的关键词就是比较。公平是社会存在的基础。荷兰心理学家德瓦尔做过一个实验,训练猴子使用花岗岩作为货币来交换奖励,经过训练后,95%的猴子都乐于使用一片花岗岩来交换一片黄瓜。但是如果当着其他猴子的面交换给另一只猴子一颗葡萄,围观的猴子中 60%会拒绝使用花岗岩交换黄瓜。如果不交换,直接给另一只猴子一颗葡萄,则围观猴子拒绝用花岗岩交换黄瓜的可能性高达 80%。这个实验表明了公平的意义。网游中的所有规则都由计算机自动控制,同样路径、打法所获收益对任何玩家都是平等的,但也有让玩家感觉不公平的。例如,外挂最容易让玩家产生不公平的感觉。但随着网游的发展,游戏厂商把外挂功能正式设计到游戏中,让玩家通过付费享受,玩家可以选择花钱用,也可以自主选择不用,这样就消除了玩家的不公平感。还有设计不合理导致网游中存在不公的情况,如某一职业角色比其他职业角色更强,或某职业某技能特别强,可以压倒性克制另一个职业角色,尽管职业都是玩家自己开始玩时选择的,但这也会导致玩家的不满。有时游戏设定是很平衡的,但所有玩家都认为自己的门派或职业吃亏了,这时也会认为不公平。但是由于所有职业或门派都是自己选择的,对于选择同样路径的玩家来说,其获益仍然是公平的。公平产生信任,进而产生依赖。公平透明机制保证了网游玩家对网游世界的依赖，从而造成网游软件黏性。

也有学者将网游中的公平作为一种平衡而加以论述，他们认为游戏终极形态是一个平衡的系统。这从侧面说明了网游的公平机制。

（十）文献或调研对开放发展机制的支撑

网游随着玩家的成长也在不断地发展更新。迈克尔·桑顿·怀曼（Michael Thornton Wyman）在其所著的《卓越游戏设计剖析》中认为，《魔兽世界》是游戏皇冠上的明珠，是由最成功的电子游戏制作公司所开发出的杰作，它具有极为优秀且不断改进的用户体验。该游戏的制作总监指出，玩家在第一次接触大型多人在线游戏开发时认为它会比单机游戏复杂2~3倍，但实际上该游戏要比这复杂570亿倍乃至更多。

在玩家玩游戏的过程中，网游也不断改进玩家体验。《半条命2》最后的开发也是这么做的。其游戏设计师兼程序员沃尔克（Walker）提到，在开发最后两年，每周都会从外面请来玩家，让他们试玩正在做的部分，并对他们的游戏过程加以记录，这些记录会指导游戏开发下一周的工作，然后再次试玩。沃尔克认为，这种每周来自外部的附加测试评估是十分宝贵的，重点关注用户的即时体验是游戏取得成功的关键因素之一。

网游的开放发展意味着以原型设计、迭代及测试主导制作过程。《神秘海域2》的游戏总监布鲁斯·斯特利（Bruce Staley）就非常热衷于早期原型设计及迭代式开发，其理念就是尽快把一些东西落实为可玩版本，他们坚定（甚至有些过分）地利用迭代来改善游戏的玩家体验。斯特利指出，设计不应该必须有截止日期，虽然这种做法不一定正确，但是即使有些东西已经设计过了，为了能让游戏变得更好，游戏开发者应绝不吝惜回过头来微调一二。他们通过大量的不间断测试来判断某些元素能否使游戏变得更为优秀。斯特利认为，对自己的成果不要太过执着，不要刻意维护它，来自玩家的反馈都是真实且客观的，不能为此争辩甚至不予接受，游戏体验才是至尊，而这只与玩家有关，只有他们才能决定什么是最重要的。

网游的开放发展机制使得玩家成为游戏的共同开发者，一起见证并参与其发展和成长的历史；而网游开发者认为玩家体验为至尊，从而使得玩家更加乐此不疲。

第五节　网游沉溺实践研究

一、实际体验对网游沉溺机制的支撑

本部分主要通过体验者或玩家访谈的方式取得，对每一个沉溺机制分别进行了访谈调研。为了尽可能保持访谈者原意,下面截取了访谈者的部分回答。

(一)主角虚拟机制的体验

"我一进入网游,就可以自己选择喜欢的人物形象和职业。之后,每一次战斗都代表我的人物形象与对方打,我每次打,无论胜负都能积累战斗经验。我发现我还是城堡的主人,我建立了主政厅、兵营、仓库、黄金生产厂、农场,其中农场里有土地,土地有级别,可以种植农作物。我发现这些全部可以升级,但都以我角色的升级为基础。另外我还带兵,我的兵种受级别限制,有些需要级别达到一定高度才可以选。我选择了其中一个兵种,兵种也可以升级,我带兵与人 PK,有赢有输。我输了后就查找原因,我发现我还有锻造厂,我可以使用锻造厂来加工我的武器装备、镶嵌宝石,这样,我的战斗力大增,我升级了兵营,然后就可以升级我带的兵种,兵种兵力升级,我就可以再与人 PK,结果这次赢了。我很快就升级了。我升级后,主政厅才可以升级,然后兵营、仓库、黄金厂等都可以升级了,黄金厂每小时产生的黄金更多了。我去我的农场查看并购买了农作物,然后种植了,需要等待几个小时才能收获。我非常喜欢 PK 中的高端技能,虚拟战斗场面和胜利的界面让我陶醉。我发现我被系统分配了主线任务,我按照主线任务去打,完成一个,下一个任务就会接连出现。突然通知我有人入侵,我去迎敌。或者我查看发现资源不够了,需要采集木材和水晶等。我觉得自己有使命感了,所有的建筑升级、兵力升级、城堡安全、农场维护、作物收获、武器打造等全部依赖于我。每次退出时,游戏都会告诉我,还有哪些任务可以做,是否退出,一看任务,可能又回去打了。我是主角,别人帮不了,必须自己打。"

(二)场景转换机制的体验

"我进入内城,场景马上变为城堡内场景,主要是建筑场景。我可以在这个场景中选择某个建筑,比如兵营或仓库等,并查看情况,确定是否可以升级等。之后,我可以进入农场,画面马上变为农场种植场景,音乐也随之变化。我种植的植物如果有草或虫,我会锄草和杀虫,这会为我的土地增加分值。如果种植时间到了,就会出现植株有硕果的景象,我就可以收获,收获后土地没有作物了,就可以再次种植。还有旁边的光晶树,如果时间到了,可以为它充能,该树可以让我收获光晶(一种游戏内的资源)。我退出农场,进入公会,马上就有神圣般的场景出现,音乐随之变为神曲,我在公会可以祭拜,每次祭拜会花费贡献,贡献是一种数值,需要我用游戏黄金去购买。一旦加入公会,每周都会消耗我的贡献。我发现公会里会有技能塔,技能塔也有级别,我可以在技能塔里修炼技能,消耗我的资源才可以学习技能。我退出公会，进入单人挑战，马上场景和音乐都变成战斗场景和战鼓音乐。我热血沸腾，使用兵力布阵，使用高级技能，与对方一招一招地打，每一招画面都有显示，战场唯美。我赢了的话，在战场排名就比对手靠前，否则靠后。按照主线任务，我进入单人副本进行战斗。主线任务还有多人组队副本，于是我使用网游中的通信功能，邀请其他玩家进入该组队副本，很快人员到位，我们开始共同战斗，共同战斗的场景以及每次战斗的场景基本不同，除非第二次与同样的对象战斗且在同样的地方。组队战斗结束，各人获得经验，组队自动解散。我又进入世界会战，这是个众多玩家一起杀怪的大场景，怪物非常顽强，我的级别低，几乎动不了怪物分毫，几个回合我就失败了，还好游戏中可以复活，下次再进就行。我准备提升装备，进入市场，于是呈现买卖场景，我可以将自己的装备拍卖，也可以买下别人的装备。如果别人的装备比较贵，我会进入装备打造场所，场景和音乐马上又变了，我首先将众多低级宝石锻造成高级宝石，然后将宝石镶嵌在我的装备上，场景和镶嵌的声音都很细腻真实，我很喜欢。战斗力提高后，我又进入了地下迷宫，那里有100个级别或层次战斗，我刚开始只能战斗到10级，进一步提高战斗力后，我逐渐战斗到20级、40级和60级。到60级时，已经几个月过去了。我进入悬赏场所，场景立即转变，音乐也转换了，一旦我选好悬赏任务、点击开始后，场景和音乐马上就变成任务场景和音乐了，在任务中如果进入战斗，则马上出现战斗场景，每个招式都有不同的音效和影像效果。每次音乐场景的转换使我耳目一新，感觉又有了新的无穷活力，不同场景和音乐韵律特点让我回味无穷，颇为留恋。"

（三）升级冷却机制的体验

"我一进入网游，在新手指引下很快就学会配备装备、与人PK等。不到几分钟的工夫，屏幕上突然出现金黄色圣谕一般的提示，'祝贺您，级别提升至××级'，心里像吃了蜜丸一样高兴。随后，经过主线任务的指引，完成后迅速再次升级。我觉得装备弱，准备更新武器，就来到迷宫商城，结果发现好多都需要级别才能购买，我的级别不够，只能购买一些较弱的武器，但是有个别武器比我现在的装备好，于是我选择购买。我觉得兵力不够，于是决定升级兵力，可是兵力的升级依赖兵营的升级，我就想升级兵营，却发现升级不了，因为城内建筑的升级都依赖于主政厅，级别不能超过主政厅。如果我想升级主政厅，则必须提高自身级别，主政厅的级别不能高于玩家自身级别。我将主政厅和建筑都升级到能升的最高级别，然后通过PK、单人副本、团队副本、采矿、地下迷宫炼狱等操作来增加战斗经验和战斗力，终于很快再次升级了。但是建筑等升级后不能马上升级，需要冷却一段时间后才可以升级。

我发现装备里有 VIP 试用币，可能是公会祭拜时掉落的，查看规则确认不用付钱后，我使用了 VIP 币，马上享受了即刻冷却、立即升级的喜悦感。每一次升级都给心里注入了强心剂，知道自己又提升了。每一次冷却我都不舍得离开，因为冷却快结束了，希望能够结束后马上再次升级。升级后再与地狱迷宫的守卫怪物打仗，轻松达到 40 级，然后就又打不过了。再次战斗还是一样，我仔细检查装备，重新锻造镶嵌宝石，到商城中寻找本级别能买的最好装备，与人 PK、单人副本，等等，演练一遍，再次到地狱迷宫，终于打过了 40 级，然后 41 级到 44 级，也就可以过了。45 级又打不过了，这次失败得很惨，我连一个大的回合都没完成就失败了。体力也耗尽了，需要到修炼场地休息恢复。升级的感觉非常奇妙，感觉很神奇，升级后的优越感和成就感很大。网游里面跟级别不挂钩的很少，级别一旦提升，原来不能打败的可以打败了，不能购买的可以购买了，不能提升兵力的可以提升了，有一系列的好处。"

（四）公会团队机制的体验

"我玩到一定级别时，系统告诉我可以加入公会或创建公会，但是创建公会需要更高的贡献。加入公会后，可以在神树显灵时随机捡拾出现的宝贝，比如装备、体能药水、经验技能等，神树显灵的时间很短，之后就不再出现宝物了。每次进入公会，还可以给公会神树充能。加入一个大公会后，公会内熙熙攘攘，玩家都等着神树发宝贝。有时还会有怪物入侵公会，公会会号召大家御敌，一般这些怪物都是 40 级的，我级别低时很快被怪物打败，40 级以上时再打入侵的怪物就容易了。每次打败侵略者都会有奖励，战斗经验也会一直增加。在神树显灵时，每个进入公会的玩家都会定时增加经验，所以一旦神树显灵，很多玩家就进入公会开始增加经验，无须别的任何操作。神树一旦结束，玩家马上就散光了。加入公会后，所有的各种技能都会有一个比例的提升，此时再打地狱迷宫护卫就比先前好打多了。这确实让人兴奋。另外，可以看到那么多玩家都跟自己一样在公会里，感觉不孤单。公会也有建筑，除了公会神树外，还有公会商城和技能塔，还可以祭拜。每次祭拜，实际上就是消耗自己的贡献随机抽取奖励，尽管谁也不知道会获得什么奖励，但是我乐此不疲，未知的好处让人动心，商城里可以消耗资源购买合适的装备。技能塔里可以学习技能，也需要消耗资源，并且跟级别挂钩。每个加入公会的玩家每周都会缴纳一定的贡献，这个贡献是个数值，需要用自己的游戏黄金或宝石去购买。一旦加入公会，这个贡献每周都需要自己缴纳，可以多交，不交马上会被逐出公会。如果自己创建公会，系统会自动收取贡献。所以，公会创建者往往会要求每人缴纳一定数量的贡献。所在公会有时会与其他公会发生会战，排名榜上会列出每个公会的会战排名。"

"参加公会会战或者组队参加副本战斗都属于团队作战。我发现，根据系统规则，随机组队的战斗力不如自己挑选的团队战斗力强，因为如果两个玩家好感度越高（通过送玫瑰花等电子物品或帮人锄草杀虫等），两个玩家的综合战斗力就越强。在团队战斗中，我有时会使用网游内置通信工具安排其他团队前往的地点。一般来说，在团队进入副本前，系统会给出建议团队人数和级别，如果中途退出，导致战斗失败，对其他玩家来讲简直不可饶恕。所以，一般在游戏团队作战时我都不会离开游戏。团队作战还有一个好处，自己尚未打过的副本往往会有熟悉的玩家领着走，这样就不会消耗探索路径的时间了。还有一个致命的问题是，一个人是根本过不去团队副本的，除非这个人极强。但是极强的话，这个人往往看不上这个级别的副本了。"

（五）战斗交际机制的体验

"每次单人挑战，一旦进入战斗，听到熟悉的战斗音乐，看到熟悉的战场画面，就觉得热血沸腾。部署好自己的兵力，展示自己的技能，与对手玩家战斗，赢了有成就感，输了不服气可以再来。挑战时，系统会随机匹配与自己级别相近的四个玩家，如果不愿意与其战斗，还可以更换。我一般都选择排名比自己略高的，这是为了让自己有更高的排名。这种战斗其实也是交际，俗话说，'英雄不打不相识'，在团队战斗时更是如此。网游中有类似QQ的聊天工具，但是我很少用它来聊天，一般用来进行查看其农场是否可以收获。另外，我还可以在世界喊话，每个在线玩家都可以看到我的世界喊话，不过需要世界喊话工具。也可以在组队内喊话，协调战斗前进方向等。此外，组队邀请也是通过网游中的通信工具进行的，可以自动组队，也可以人工邀请。一般打过几次后，就会叫上熟悉的人一起组队战斗。每次赢了，就是英雄，输了，英雄不服输，调整装备、补充体力、增强兵力等，再来。感觉网游没有了战斗似乎就没什么好玩的了。我需要这种和别的玩家一起作战或PK的感觉。一般都想赢，觉得自己是英雄。"

（六）奖励悬赏机制的体验

"自打进入网游开始，奖励就一直没有停下来过。刚开始登录时会有一份新手大礼包，连同宝石、黄金和经验，所以升级非常容易。可以升级的时候，按钮就变成满盈状态的颜色，按一次升一级。升级后按钮变为暗淡色，表示不可以再次升级，需要等待升级条件成熟。有了新手大礼包，可以连点好几次升级，每次升级看到胜利一样色彩的新级别，心里有说不出的美感。每次升级都会带来战斗力等的提升。除了新手大礼包的奖励，从第一天开始，就有签到奖励。根据规则，一个月内每签到一定次数（如1次、2次、5次、10

次、15次、20次、26次等）都会给一定的奖励,这是除了正常签到以外的额外奖励。另外,从进入网游开始,网游界面上方就会显示两个大礼包,但是不能马上拿到,需要等待半小时后和一个小时,上面会显示倒计时,我把它叫作延时大礼包。延时大礼包到点后,如果我在线的话,大礼包就会自动掉落我的物品库内,然后会出现一个新的延时大礼包并开始倒计时。本来我准备下线了,可是一看延时礼包还有几分钟,于是再待几分钟。这些奖励往往都是升级必备物品。从进入网游开始,系统会布置主线任务,每次完成任务都有丰厚的奖励,我刚开始就按照主线任务去打,很快不断升级。后来发现还有悬赏任务,比如打地鼠或者给兵营升级等任务以及跑环任务。在接任务前,可以查看具体获得奖励是多少,自己觉得行的时候就接受其中一个悬赏任务,于是悬赏任务马上显示在屏幕右侧的任务进程栏内,一旦任务完成,任务进程栏内的任务就消失了,同时任务奖励也就哗哗地进来了,会有动画动态显示奖励到位了。那种感觉真不错。除此之外,每次收获也会有奖励。当通过单人副本的时候,怪物消失的位置会出现宝物,这也是一种奖励。宝物可能是装备升级必需的原材料,也可能直接就是装备。通过副本后的经验升级是确定的。与人PK,每次PK后也有奖励。还有一些特定的锻造武器或升级必需的原材料,必须去地狱迷宫内打才行。一级一级地打,每次打后一般都会有奖励。公会内遭到入侵时,打败入侵者后也会有奖励,神树显灵时,地上会掉落奖励物品,众多玩家会去抢,先抢先得。奖励就像表扬一样让我上瘾,不断鼓舞我向前。"

（七）财时交换机制的体验

"打到一定级别后,升级就没有开始那么快了,而且往往需要冷却。我意外发现网游的工具箱里还有VIP试用币,使用它可以免费获得VIP身份,可以持续一段时间。我于是使用了VIP币。我使用VIP身份与人挑战PK,惊喜地发现有一项高级技能可以使用,于是使用这个技能很快战胜了对手,我的网游世界战斗力排名很快提升了。对于种植园内的作物,原本需要好几个小时后才能收获,现在可以马上成熟收获。VIP身份感觉让我节省了大把苦练的时间。我想这就是财时交换机制吧。遗憾的是,VIP身份很快就失效了,此时想起VIP身份的好处,真想花钱买VIP身份。此后每次在网游中不定时就会弹出来'你可以购买VIP身份'的提示。另外,在过节的时候,也会有优惠大礼包出现,如果花钱购买的话,可以得到数倍的资源和经验、高档装备等,花的钱不同,礼包内的东西不同。不仅限于此,每次镶嵌宝石时都会提醒我可以充值买更好更高级的宝石。不花钱的玩家玩了一个月才能达到的装备和级别,可能花点钱马上就可以达到了,我想这就是花钱买时间吧。如果不花钱，那就老老实实在网游上花费更长的时间和更多的精力吧。花钱充值买了大礼包或者 VIP 身份后，我总会再次碰到更高级的副本或玩家，这样就会再次花钱。网游里面的各种商城、市场或拍卖系统也都是可以花钱购买的，需要先花钱购买宝石，然后使用一定级别的宝石来购买商城、市场或拍卖行的东西。"

（八）新老融入机制的体验

"第一次进入网游后，新手期的任务好打，很容易升级获得快乐。之后每次下线后，都会惦记网游中的植物是否该收获了，再次签到是否该有大礼包了，今天节日有什么特别活动赠送礼包，再次 PK 我应该配上什么装备，等等。我第一次进入网游一下子就玩了个通宵，实在熬不住了才上床睡觉，睡前还惦记着收获时间。等再次进来，已经有较强的熟悉感和回归感了，赶紧把中间没上网游时的想法实现，先签到，然后收获，能升级的升级，打 PK，锻造装备，等完成了这些，第一个延时礼包也到了，再等半小时就可以收获第二个礼包了。同时想着上次还没有探索的地区，去看看有哪些副本我的级别已经够了，可以开打了。我的武器装备需要升级的原材料在哪里，找一找，咨询一下，然后开始打。曾经有一段时间，每天晚上打网游，早上坐在班车里打开笔记本连上网就打，其他所有现实中的事情好像都没有那么重要了。就这样差不多持续将近一个月，疲惫不堪，直接后果是我快生病了，大睡了两天。在网游世界里我已经拥有较高的级别了，自己创建了公会，有了许多玩家好友，组队时也知道谁比较合适了。哪个路径、什么打法、使用哪项技能，心里跟明镜似的，一进入场景听到那音乐，或古朴典雅，或战鼓声声，或意味绵长，或铿锵有力，真是享受。有一阵子出差，没网，事多，愣是没能好好玩，有时使用手机联网能上时也尽量上去，毕竟还可以签到获奖呢。但是我的自控力还算可以，一段时间没玩，回来后突然想起来，赶紧进入，发现居然还有归队奖励，又是一个大礼包，网游真是待我太好了，让我有归属感，那么长时间没玩，再次进来，账号物品全部都在，而且黄金仓库都已经满了，厂房还在生产，一切都很熟悉。归队大礼包真丰富，一下子可以升级了！我升级后，主政厅可以升级，主政厅升级后，其他的兵营、仓库等都升级了。不过也有损失，那就是植物都干死了，不过好友可以救活，救活后仍然可以收获。还有就是自己创建的公会，一定日期后不登录，再次登录后，有可能公会已经解散了。"

（九）公平透明机制的体验

"公平透明机制主要体现在玩网游的各个过程中，最主要的是不欺骗。比如，悬赏任务完成后，悬赏的奖励马上就发放了；一旦时间到了，延时大礼包马上就进入个人物品库了;收获的时间到了,马上就可以收获;只要资源足够,立即可以升级。感觉网游各处规则都很明确,发放奖励从不怠慢,让人感觉很踏实。当厂房升级后,每小时生产的黄金确实比原来多了。没有任何暗箱操作,无论我选择哪个职业和人物形象,网游中说到就能做到,所有的这一切都即时反馈,比现实中的反馈来得更加及时、公平和透明。"

(十)开放发展机制的体验

"我进入网游后就一直有主线任务,每次完成后情节就不断深入。感觉情节是开放的,而且每次进入网游时,界面经常与上次登录不一样,使得每次都有新奇感。尽管登录界面的画面不同,但每次都精彩异常,让人心动。另外,有时会有网游测试信息,会收集我玩网游的相关体验和问题,再次玩时,感觉问题得到了修改。还有,我的人物职业角色可选,形象也可以选择自己喜欢的,虽然有主线任务,但是不做主线任务而去做悬赏任务也是完全可以的。感觉挺开放,挺灵活,挺好。"

二、案例访谈对网游沉溺机制的支撑

在网游沉溺引发社会事件的案例中,很少会透露具体是哪款游戏,只能通过案例细节来推断。另外,网游沉溺机制导致的伤害往往不是一个网游沉溺机制作用的结果,而是多个机制或所有机制一起导致的,甚至以哪个机制为主都很难说。但是课题组还是尽量尝试分析清楚。

关于主角虚拟机制和场景转换机制,天津一个13岁孩子就把自己当成游戏主角,模仿游戏场景中的情形纵身从楼顶跃下,可见主角虚拟和场景的巨吸力量。还有一起温州网游玩家杀人案,在温州当地引起了很大反响。负责此案的人员对这个少见的案子很有感触:"这种游戏血腥气氛太浓了,人在现实中太压抑,在网上杀人发泄一下,有一种兴奋的感觉。感觉像演员全身心地投入了,是角色还是他自己已经分不开了。"

关于升级冷却机制有一个案例:玩家成绩一落千丈,无奈的父亲费尽心思帮他办了休学。该玩家说:"《龙之谷》玩到35级觉得没意思就不玩了,玩《穿越火线》也觉得没意思了,后来玩《英雄联盟》,剑圣这个角色玩了300把,匹配打了3 000把,我的段位是白金5。"由此可见级别和升级在玩家心中的位置。在该玩家不分昼夜地玩了9个月游戏之后,父亲不得已用"陪他旅游"的谎言把他骗到北京,送到了网瘾治疗基地。

关于战斗交际机制和公会团队机制,这方面案例很多。比如合肥公布的沉溺网游练胆杀人案,就是在现实中模仿游戏中的打杀场景来杀人练胆。还有在现实中演绎网游仇杀,这些都是战斗机制巨吸力的影响。还有天津那位跳楼的 13 岁孩子，其遗言没有一句是留给亲人的，都是留给网游中的其他玩家角色的，可见网游社交以及团队的吸引力影响之大。

关于财时交换机制方面的案例更多，比如卖肾案件就是典型的以肾换钱来买网游装备的例子，以及耗资 1 500 万元贪污获刑 18 年的城管科长的例子，还有北京女孩透支 6.8 万元获刑四年等。这些网游玩家都想用现实财富来换取网游中原本要使用更多时间和精力才能达到的装备和战斗力。

关于新老融入机制，有一位玩家在大学休学后玩了 9 个月网游，最终被父亲送入网瘾治疗所。他在高考结束后的几个月埋头于一款叫超级机器人的游戏，玩的时间越长、越熟练，也越有快感。由此可以看出新老融入机制给玩家带来的熟悉情感的吸引力。当然，这与奖励悬赏机制、公平透明机制和开放发展机制也都是分不开的。

还有太多的例子，在此就不一一说明了。尽管个例不足以说明对整体的支撑情况，但是这些网游沉溺引发的社会事件在一定程度上反映了网游沉溺机制的巨吸力影响。

第四章 网游沉溺机制引发的探讨

网游沉溺机制其实是一个中性的客观存在,只是为了强调该机制可能会引发的后果,所以才称之为网游沉溺机制,其实质为网游和人的交互机制。在这个交互机制中存在相关的能够不断吸引人的机理。所以,在阐明网游沉溺机制后,借鉴网游沉溺机制机理,就可以应用该原理进行正向应用或反向应用相关研究。比如,在网游沉溺机制研究基础上,对网游沉溺机制进行正向应用研究,研究将网游沉溺机制迁移到具体学科知识领域的科学原则或模式方法,或进行教育学习动机激发借鉴研究等。对网游沉溺机制进行反向应用研究,可以根据网游沉溺机制原理,研究通过控制软件内部沉浸性因素来尝试建立根本性的防沉溺控制国家标准,从而彻底解决沉浸式软件(含网游)成瘾引发社会危害的问题。

网游沉溺机制正向应用之教育借鉴研究思路为,如何将网游中让人欲罢不能的沉溺机制借鉴到学习中,从而极大激发学生的学习兴趣。目前在网游研究的四个派系中,网游沉溺研究之借鉴流派人员数量最少,现有研究已经达成如下一致认识:主张从网游中吸取有益因素借鉴到其他领域,尤其是教育领域,进而促发学生的学习动机。借鉴流派已经开始认识到教育软件需要向网游借鉴的最为重要的便是学习动机,尝试将网络游戏与教育融合。现有研究的贡献在于为教育软件游戏化的发展指出了可能性、可行性并提出了相关概念,但是具体研究设计仍有待深入,对网游沉溺机制的应用比较零散,尚未形成教育学习动机激发系统机制。因此,本研究希望在这个问题上有所突破,在透彻研究网游沉溺机制原理的基础上,将网游沉溺机制创新借鉴应用到学习动机促进中,使其能被成功借鉴于学校教育,使学生对校园生活、学习产生浓厚的兴趣,彻底改变学生厌学现状,从而解决广大学子、家长和学校共同关注的厌学问题。

第一节 探讨解决学生厌学问题

一、网游沉溺机制之教育借鉴适用性研究

网游沉溺现象和学生厌学现象是个鲜明的对比。将网游沉溺机制借鉴到教育领域变成教育学习动机激发机制，从而彻底解决学生厌学的问题，是个非常好的思路。然而，网游沉溺机制能借鉴到教育领域吗？网游沉溺机制借鉴到教育领域的适用性如何？如果压根儿就没有适用性，那么空谈网游沉溺机制的教育借鉴又有什么意义呢？因此，本节主要进行网游沉溺机制教育借鉴适用性的相关研究。怎样研究网游沉溺机制对教育借鉴的适用性呢？首先，本课题进行了学生主体心理需求的分析，然后研究网游沉溺机制对学生主体心理需求的满足，最后根据网游沉溺机制对学生主体心理需求的适用性进行总结。马斯洛在《马斯洛人本哲学》中提道："人是一种不断需求的动物，除短暂的时间外，极少达到完全满足的状况，一个欲望满足后，往往又会被另一个欲望所占领。人几乎整个一生都在希望着什么，因而也引发了一切……"进而在人类动机理论部分指出："动机是驱使人从事各种活动的内部原因，有外部动机和内部动机之分。外部动机指的是个体在外界的要求或压力的作用下所产生的动机，内部动机则是指由个体的内在需要所引起的动机。所以动机从本质上来讲是需求引发一系列的行为。而在两类动机中，更为重要的则是内部动机。当某种行为能够满足个体内部需求时，人们往往愿意实施该行为并在此基础上追求更大的需求。"下文将根据动机理论并结合大学生心理需求及网游沉溺机制的内容，探讨网游沉溺机制对大学生心理需求的迎合。

（一）大学生主体心理需求分析

大学阶段是人由青少年心理转向成人心理的关键阶段。大学生刚刚步入成人行列，生活环境、学习习惯和社会角色以及责任等的转变使大学生的心理发展表现出一定特征。研究表明，大学生心理特点有：①发展具有阶段性。在大学入学适应、稳定发展和准备就业三个阶段，大学生具有不同的心理状况。②心理活动两极性扩大，多种矛盾并存。大学生在情感生活、意志行动和人际交往等方面都表现出两极性，并且心理出现种种矛盾，如理想与现实的矛盾、自信与自卑的矛盾等。③道德品质与思维能力迅速发展，但易带主观性，在大学生思维的逻辑性、发散性不断增强的同时，其独立性和批判性也得到相应增强，这使大学生不再单纯满足于被动接受，而开始用批判的眼光看待事物。④自我意识增强，但存在一定误区。大学生能根据社会和自己的要求进行自我评价和自我分析，但如果对自身认识不透彻或要求过高，就容易导致自大或者自卑的心理。基于心理发展特点，我国大学生存在以下常见心理问题。

1. 适应性问题

大学生在初入校园时对生活环境、专业课程、社团活动、学习方式等都很陌生，在这个过程中很容易产生陌生感、无力感、矛盾感，觉得对大学生活无所适从。

2. 人际交往问题

大学像一个小型的社会，人际关系较中学时代复杂很多，同时对于交往的主动性也提出很高的要求。在大学里，善于交流、了解沟通技巧的人往往比较受欢迎。反之，相对内向、不善言辞的人则往往受到冷落进而变得孤僻。

3. 心理承受力问题

成长是一个过程，而这个过程必然伴随着各种各样的挫折。进入大学之前，学生的生活相对简单、单调，且在困难处理方面老师和家长扮演很重要的角色。进入大学后，脱离了老师和家长的羽翼，大学生在面对挫折时心理承受能力较弱。

4. 学业问题

大学学习相对于中学学习更加提倡学习的自主性，学校不再用成绩排名来使学生努力学习。这种相对宽松自由的体制允许学生自主安排时间并且根据自身兴趣爱好确定发展方向，但同时也导致很多学生缺乏学习动机、学习目的不明确、学习动机功利化、学习成绩不理想，有的甚至荒废学业。

5. 就业与职业生涯规划问题

很多人说大学生"毕业相当于失业"，导致这种现象的原因除了一些大学生荒废时间不务正业外，还有大学生对自己未来的发展没有明确规划。在毕业之际，大学生面临极大的就业压力。如果没有明确的发展方向，就会感到力不从心。

6. 情绪问题和情感问题

情绪问题主要包括抑郁和情感失衡；情感问题则是针对生活中的各种情感，包括亲情、爱情和友情。

针对上述大学生常见心理，大学生的心理需求包括指导需求、人际交往需求、逃避现实或保护需求、针对学生问题和职业生涯问题的明确规划需求，以及情绪控制宣泄需求。如果这些需求不能及时得到相应的引导，大学生就容易为网游所吸引而沉溺。

(二) 网游沉溺机制教育借鉴适用性

美国游戏设计顾问和教师安内斯·亚当斯（Ernest Adams）认为，传统电子游戏主要是有娱乐性（且有利可图）的游戏，但除了娱乐之外，游戏的用途还有很多，越来越多的公司开始致力于开发用于教育、说服、启迪甚至治疗的游戏。游戏设计师拉夫·科斯特（Raph Koster）写了一本探讨游戏中的乐趣和学习行为之间关系的书——《游戏设计乐趣理论》（2005），他主张，玩家体验到的乐趣都是通过他们对这个游戏的学习和掌握而触发的，当玩家在游戏中解开一道谜题并正确执行了一系列活动从而顺利过关时，玩家就可能获得成就感。玩游戏是一个不断学习的过程，玩家要学习游戏目标，学习各种动作，还要学习如何运用各种策略来达成游戏目标。尽管他的观点有些偏颇（除了学习，还有很多元素能为游戏带来乐趣，如社交互动和审美愉悦），但其观点的核心是正确的，有乐趣的学习是游戏可玩性的一部分。这给出了学习借鉴游戏或游戏化学习的可行性。

对于将游戏用于学习，人们用严肃游戏（serious game）这个术语来指代那些不以轻松娱乐为目的的游戏。严肃游戏没有标准定义，著名的严肃游戏倡导者本·索耶（Ben Sawyer）提出过一个广义定义："严肃游戏就是能解决问题的游戏。"严肃游戏被设计为可对现实世界产生某些形式的影响，其中许多游戏利用了玩家玩游戏时对学习的开放态度来教导玩家某些东西。游戏还提供了一个平台，使得相关人员能在其中安全、廉价地对某个问题的新解决方案进行测试，而不必担心引发什么糟糕的后果。《地产大亨》（Monopoly）就是一款严肃游戏，用于展现资本主义经济在无约束状态下所产生的后果。另外，现在的大部分战争游戏，其历史都可追溯到《战争游戏》（Kriegsspiel）这款严肃游戏上，最初是普鲁士中尉乔治·利奥波德·冯·赖斯威茨（Georg Leopold von Reiswitz）于1812年发明的，用于普鲁士军队训练其军官的战术战略素养，之后他和儿子对这个游戏进行了完善。这是一项革命性的创新发明，确实提高了军官的战略素养。它允许军官尝试不同的战斗策略，逐一摸索这些策略的功效和缺点，而不必承担任何后果。其影响是，在贯穿整个19世纪的一系列成功的军事战役落幕之后，欧洲及欧洲之外的许多国家都将战争游戏采纳为一种训练军官的方法。还有一些国家运用了战争游戏来预演实际战斗的历史案例。它们带给我们的重要启示是，一个游戏在规则系统相对简单且并不写实的情况下，仍然可以准确抓住它所表现的真实情形的本质，并成为优秀的学习工具。例如，《折射》就是一款教授分数知识的杰出游戏（具体请参见网址：http://www.kongregate.com/games/GameScience/refraction），《模拟城市》和《文明》一直以来都被用于教授社会地理学或政治史等知识。20世纪80年代，美国国务院将《权力平衡》这个以美苏战争之间的地缘政治斗争为题材的游戏作为外交官的培训工具之一。

由此可见，教育学习借鉴不但可行，而且是有先例的。根据前面马斯洛人类需求层次学说对网游沉溺机制的支持可以看出，网游沉溺机制可以在一定程度上满足人类除了生存生理需求外的各层次需求，包括尊重需求、自我发展和实现需求、审美需求、情感需求、人际交往需求、认知需求和安全需求。前面提到，大学生的心理需求具体包括提醒指导需求、人际交往需求、逃避现实或寻求保护需求、针对学业问题和职业生涯问题的明确规划需求、情绪情感需求。再进一步分析可知，提醒指导需求和明确规划需求其实就是自我发展和自我实现需求，逃避现实或寻求保护需求就是尊重和安全需求。因此，大学生的心理需求实际就是自我发展和自我实现需求、人际交往需求、尊重和安全需求及情感需求，而这些需求全部都是网游沉溺机制所能够满足的需求。因此，网游沉溺机制具备借鉴到教育领域的心理基础，从这一方面讲是有教育借鉴适用性的。所不同的是，教育是为了学，网游是为了玩，将两者结合增强学生学习动机，体现了寓教于乐的思想。网游战斗中的PK机制可以借鉴到教育学习中的知识竞赛PK；网游中的炼狱等技能经验可以借鉴到教育领域中的自习；网游中的公会团队机制可以借鉴到教育领域中的学生协会和学生社团；网游中的升级激励在现实学校中只有大的升级，如大一升大二等，这一点与网游中的实时升级、级别达到数百级不相吻合，可以考虑改革试点学校级别现状，在设立大一升大二的大的级别基础上，增加数十至百级，以满足学生不断升级的需要。总之，结合我国高校中出现的大学生学习兴趣低、荒废学业虚度青春等现象，将网络游戏沉溺机制与学校教育相结合，提出奖励教育、团队教育、艺术教学、实践教学、公平校园等教育观念，必将满足大学生的各种心理需求，提升大学生的学习兴趣和学习的自主性，使大学生更加热爱珍惜校园生活。

二、网游沉溺机制之教育借鉴内容研究

网游沉溺机制是网游厂商针对人的弱点和需求特点设计的，它只有一个目的，即增强对玩家的吸引力。从网游沉溺机制这个根本客观原因入手制定科学、合理的对策，则可彻底改变网游沉溺的情况。这些对策包括配角实名对策、场景固定对策、宿命定级对策、单独个体对策、不战闭交对策、惩罚剥夺对策、财时平行对策、新老不吸对策、随意潜规对策、锁死固定对策。但这些彻底改变网游沉溺机制的对策在解决网游沉溺问题的同时也使得网游玩家大量减少，这是厂商和广大玩家所不能接受的。但借鉴网游沉溺机制来彻底破解决学生厌学问题，却是一条让人耳目一新的思路。网游成瘾和学生厌学现象形成了鲜明的对比，如将网游中让人欲罢不能的沉溺机制借鉴到学习中，极大激发学生的学习兴趣，势必改变厌学现象。如何借鉴网游沉溺机制，将之迁移到教育学习领域，完善学习动机激发机制，下面给出开创性的相应借鉴思路。

(一) 借鉴主角虚拟机制的启示

可借鉴主角虚拟机制，赋予学生主人翁地位，为每位学生创造一个虚拟自我主角，每个学生随时可查询主角各种状态，对主人翁的每次校园真实经历要及时调整其主角的经验、智能、体能或技能的值。对主人翁的不同学习用具、精神状态、出勤状态或身体状态等也要调整其主角生命力或技能的值。当主人翁触犯纪律法规或在学习 PK 中失败达到一定程度导致其虚拟主角死亡时，可通过留级或其他条件让主角复活。尽量充分发挥主人翁的主观能动性，让其掌控自我命运，实现其个人梦想。允许主人翁按照自己的兴趣来设计自己的校园形象，可装扮出全新的自己。以班级为单位，创作精彩完整的情节，展现不同背景年代、不同神话情节甚至不同国度，让主人翁感受学习使命感，经历其中的酸甜苦辣。

实践教学是角色扮演机制与市场模拟机制的结合。所谓实践教学，是指学生通过课程设计、课程实验、专业实践、专业实习以及毕业设计等教学实践活动的具体环节来巩固、加强学生所学的专业理论知识，并用所学的专业理论知识来处理实践操作过程中所遇到的阻碍和问题。实践教学的内容主要包括两个方面：一个是高校的教学实践，另一个是专业的实践。教学实践用来完成教师对学生知识的传授。例如，让市场营销专业的同学做市场调查分析，利用市场模拟软件，让学生更清楚地了解企业资源计划（ERP）在现实企业中的运作方法。采用教学实践方法使大学课程不再是单纯的理论灌输，学生在学习知识的同时其操作能力和执行能力都有相应的提升。教学实践给学生提供了学以致用的机会，并在模拟的环境中给学生提供了社会角色体验的机会，从而满足学生一定的成就感。专业实践主要通过实习等方式，给学生提供各类社会角色扮演的机会，通过提升其人际沟通、合作等各方面能力来改变现实自我，以缩小现实自我与理想自我之间的差距。当社会实践与专业结合时，学生可以充分了解毕业后的就业方向，降低在职业生涯规划中的迷茫感。

可以借鉴此机制增强实践教学。实践教学是网络游戏角色扮演机制的延伸。通过实践教学，学生尝试扮演社会各类角色，这不仅增强他们的社会交往能力，满足他们对社会各类工作的好奇心，而且有助于他们对未来职业生涯的选择和规划。实践教学摆脱了理论教学的枯燥性，使学生真正觉得学有所用。除日常课堂注重实践教学外，提供寒暑假实习机会、志愿服务机会等都有助于学生充分接触和了解社会。

(二) 借鉴场景转换机制的启示

可借鉴场景转换机制,在校园中创造不同的场景,如自学场景、听课场景、活动场景、讨论场景、挑战场景、勤学场景、运动场景、辩论场景、悬赏场景、休息场景,等等。每个场景美到极致且配有音乐,不同场景音乐完全不同,使学生耳目一新、疲惫尽失,避免了长时间学习而带来的单一无聊感,使学生乐此不疲。听课场景要在第一时间抓住眼球,赋予其最震撼、最触及心灵的视听盛宴,牢牢在学习者心中占据一席之地,使学生在学习过程中不舍得离开。

教学艺术是指将场景音乐机制运用到课堂教学,在课堂充分发挥艺术的吸引力,满足大学生的审美需求。教学艺术主要分为备课艺术和互动艺术。备课是课堂教学的重要前提,备课艺术在于帮助教师将每一次教学作为表演和展示,使学生在没有压力的情况下单纯享受艺术的美感。例如,一段幽默的开场白、一份详略得当的演示文稿(PPT)、一段震撼的视频等。互动是使学生参与课堂教学的重要方式。互动性越高,学生的参与感和存在感越强。要杜绝高校课堂低头族和教师独角戏的现象,就必须增强课堂的吸引力,采取艺术教学的方式。而教学艺术水平取决于教师的教育教学能力和对教学工作的重视程度。

黄艳将教育教学胜任能力细化为师生关系、课堂教学、指导实验与实习、指导课程设计与毕业设计、教学建设与研究和学生成就6个指标,并通过SPSS利用主成分分析方法得出指导实验与实习、教育建设与研究、课堂教学和师生关系是主要观测点。高校不仅仅是教育中心和人才培养基地,还是我国重要的科研基地。同样,高校教师不仅仅是人才培养的重要资源,也是科学研究的重要资源。众多高校在招聘时,往往对科研和团队协作能力以及学历和留学经历提出明确要求,却甚少涉及应聘人员的教育教学能力。此外,我国以业绩为导向的高校教师评价机制往往导致教师的急功近利,例如:重科研轻教学,追求短期利益;注重论文发表的数量和项目的申请,而疏于课题的深入研究和教学工作。同时,学术不端的行为有抬头趋势,不利于高校的全面发展和学生培养质量的提高。在目前忽略教育教学能力的任聘资格考察机制和以业绩为导向的大学教师评价机制下,老师上课照本宣科、平铺直叙、毫无新意的教学方式和内容导致师生之间缺乏互动,学生缺乏兴趣。教学是一种艺术,只有将其艺术的特性充分发挥,让学生被艺术折服,才能活跃课堂氛围、提高课堂效率。

提高教师教学水平的艺术性可以看作教育理念对网络游戏场景音乐机制

的延伸。网络游戏利用场景音乐在第一时间捕获玩家眼球，大学课堂同样可以利用教师的教学能力在第一时间引起学生兴趣。因此，提升教育教学能力在高校教师招聘和评价时所占比重，对现任高校教师进行教育教学能力培训，都不失为活跃课堂氛围、提高课堂效率的好方法。

（三）借鉴升级冷却机制的启示

可借鉴升级冷却机制，实现学生升级激励和升级暂缓。学生升级激励包括人物升级、学科升级、技能升级、教师升级和教室升级等。人物升级是基础，升级后不仅可以学习新的技能以及拥有更多学习资源和教师资源，享有更多校园事务权，还可使自我主角装扮更加华丽。升级通过各种上课、学习、练习、比赛和做任务等来实现。各种教室则给学生学科、技能等升级提供了场所。只有主角升级后，其教室等才可以升级，级别越高，其学习资源级别就越高。升级暂缓是指除人物升级以外，其他升级之后（如教室升级、技能升级、学科升级等）都需等待一定的时间才能再次升级，如学生希望马上升级，就需要通过学习大决战获得即时升级特权。否则，必须等待当前升级开始后一段时间才能启动新升级。

（四）借鉴公会团队机制的启示

可借鉴公会团队机制，创建学生协会组织，进行团队学习决战。协会组织是指当学生成长到一定级别时可以创建协会或加入别的学生创建的协会。加入协会后，学生可以在协会技能馆中修炼学习秘籍，学生的学习相关能力会有一个比例的提升。加入协会后可以共同学习、参加协会比赛来获得收益。协会中除了技能馆外，还有可升级的协会商城、协会神屋等，协会神屋一旦开启，所有进入协会的学生可免费领取神屋配发的小物品。每次协会拜师都要消耗贡献，可获得随机学习用具或学习经验等奖励。协会是消耗贡献的，所有加入协会的学生包括创始人会每周消耗贡献，不能负担贡献缴纳的成员会被逐出。协会给学生集体感，所需要缴纳的贡献可以通过上课回答问题、知识竞赛、知识悬赏或知识任务等获得。团队学习决战中的团队是学生为完成团队任务等目的而相互合作的模式，通过团队学习比赛获得更多的回报，使学生在短时间内切身体验到合作的力量与重要性。

团队教育是教育与网络游戏合作机制的结合，旨在利用团队建设方式满足学生归属感的情感需求和人际交往需求。大学生团队以高校大学生为主，可在教师的指导下与地方经济发展需求相结合，以某一经济项目、任务或课题为导向，大学生之间同心协力，用群体的智慧结合成巨大的创造力，高效地实现团队共同目标的群体，如班集体、宿舍、学生会、自管会、志愿者组织、大学生创业团体、各种特色社团等。在团队中，成员之间关系的友好程度、配合的默契程度、团队荣誉直接影响到学生的归属感。团队教育是消除大学生孤独感、使每一个大学生在校园找到存在价值的重要方式。需要注意的是，搭便车现象几乎渗进现实生活的各个领域，因此高校团队教育应效仿网络游戏制定严格的奖惩制度，即在团队教育中注重公平教育，以确保团队中的每个成员都能体验到制度保护的安全性，保护每个成员的劳动成果。

（五）借鉴战斗交际机制的启示

可借鉴战斗交际机制，在学习方面组织个人PK、个人试炼、组队闯关、协会对赛、教室攻赛、校园共赛等知识技能类竞赛。PK既可使用现实中的竞赛形式，也可以使用虚拟主角进行。如果采用虚拟主角，则校园系统自动随机给出对方做过的题目，最后根据双方成绩决定胜负，并分配奖励。

可以考虑借鉴战斗交际机制，实现高校"以武会友"。在问卷调查中可以发现，对大学生玩家人际交往需求的满足是大学生玩家喜欢网游的重要原因之一。在现实的校园生活中，为满足大学生的人际交往需求，可以适当放宽对学生社团的要求和限制。在保证社团活动积极向上的基础上，为志同道合以及有相同兴趣爱好的人提供交流的平台。同时，可以加强高校间同一性质社团的合作和交流，建成高校内和高校间的交流平台，以充实高校学生生活，结交更多朋友。

（六）借鉴奖励悬赏机制的启示

可借鉴奖励悬赏机制，实现分配学习任务完成奖励和悬赏学习任务选择完成。学生刚进入校园时，给学生分配非常简单的任务来引导学生学习，包括简单的练习、举一反三和工具使用任务等。学生完成能够马上获得相应的奖励，包括体能、智能等，学生通过不断接受完成任务获得经验、体质、奖励和声望变化，最终引起级别上升。一般每个任务都明确给出任务背景、任务等级、需要等级、任务难度、推荐人数、任务需要和任务奖励。学生在接受任务的同时，已经了解完成任务的途径和所能得到的报酬，并在接受任务和完成任务中轻松升级，获得新知识、新技能和学习用具。

奖励教育的本质是在高校教育中设定奖励机制以满足学生的尊重需求。奖学金制度和学科竞赛奖励可以看作奖励制度。设想将高校将大学生课时、学分、素质教育等学习活动安排作为学年任务，其完成情况的评价标准列入奖学金评价体系，那么奖学金制度就等同于网络游戏沉溺机制中的任务奖赏机制。然而奖学金评比时间较长，并不能使学生充分体验到种植收获机制中回报与收获的及时性，这就需要各项学科竞赛奖励来弥补。目前国家和各个地区虽设有不同等级的奖学金和多种学科竞赛，但由于其本身奖项设置吸引力低以及社会认可度和知名度低等原因，奖励教育机制并不能很好地满足学生的尊重需求，在自主性学习激励方面作用不大。例如，我国高校奖学金有国家奖学金、国家励志奖学金和各个学校自行设定的不同等级的奖学金。国家奖学金金额最多为 8 000 元/年；国家励志奖学金为 5 000 元/年；自行设定奖学金金额由学校规定，大多分为三等，最高奖金为 3 000 元/年。这与美国多所高校超过 3 万美元的奖励金额相比显得微不足道。此外，近年来物价水平和我国居民生活水平都明显上升，国内奖学金对于经济状况较好的同学没有很大的吸引力，又不能很好解决贫困学生的经济问题。再者，相较于国外多由政府和社会承担且侧重于对学生综合素质的评价的奖学金，国内奖学金多由政府和学校承担，侧重于对学生成绩的考核。这种情况导致国内奖学金的社会认可度不高。

因此，在奖学金制度下，向优秀学生发放奖金就是一种物质激励的手段，用经济利益刺激学生在学习上付出更大的努力，提高学习的效率。学校、企业以及公众对各项奖学金以及学科竞赛的认可度越高，获奖学生的自尊心和成就感越能够得到满足，学生的学习动机越强。所以，奖励教育可以从提高奖励金额、提升奖项知名度和社会认可度以及提升奖励及时性方面加以改进，充分发挥奖励教育的物质激励作用和精神激励作用，满足大学生的尊重需求，使大学生注重学业、认真学习。

（七）借鉴财时交换机制的启示

可借鉴财时交换机制实现劳时交换机制，主要包括时长收益和市场交换。财时交换机制本是网游赚钱机制，这在校园中显然是不提倡的，但是可使用自己的劳动来进行时间的交换或者换取对主角技能、经验、级别等的快速提升。学生如果不想通过长时间耗在任务中，那么就可以通过劳动较快达到所要提升的目标，个别非知识性的交换如升级暂缓等也可通过财富交换。时长收益主要体现在从进入校园开始计时，当达到一定时长后就有收益。市场交换是指学生在拥有一定数量的财富值和学习用具后，便可借助学校超市商店或者拍卖行系统买入新物品或者卖出物品。

（八）借鉴新老融入机制的启示

可借鉴新老融入机制，重视入学指引、学生签到和退者复学。入学指引是在新学生进入校园后启动的自引导性任务，以确保学生在新环境中迅速掌控学习技能。学生签到奖励机制是校园培养学生忠诚度的有效方法。学生在校园上课或活动签到会得到相应的奖励，比如经验值、财富值或学习用具。定期根据签到次数给予不同级别的奖励，签到次数越多，则奖励级别越高，获得的奖励越丰厚。校园在某个特殊节日或者寒暑假举行配有丰厚奖品的签到活动，可以保证很多学生有时间接触校园新内容，使学生更喜欢校园，还可以使学生体验到一种归属感。这在很大程度上保证了学生每日在校人数。退者复学机制是指学生在很长一段日期内未来学校，则再次来到学校时，校园会给予学生丰厚的复学奖励。这使学生体验到一种归属感和荣誉感，激励学生很快再次融入校园。

可以借鉴该机制，加强校园文化建设，满足归属感。高校的校园活动如运动会和合唱比赛等都以学院为单位进行组织参加，学院是与大学生接触最多的组织。学院教学水平、学生工作服务质量和院系在各个活动中的排名直接影响到学生的自豪感和荣誉感。一般情况下，对学院认可度越高的学生归属感越强。相对于学院而言，大学生班级的意识比较薄弱，主要原因是：大学没有为班级设置固定的教室，因此每个班级没有固定的活动场所；很多课程（例如公共基础课）往往由2~3个班级共同上课，而且座位随意化，并不按班级划分；大学生自由时间较多，安排随意，整个班级成员除特意安排的集体活动外很少有机会在课后聚齐。宿舍是大学生活动的一个主要场所，宿舍归属感与宿舍成员关系、宿舍环境密切联系。由此可见，进行文化建设、形成学院自身特色并提升其影响力、增强班级团队意识、加强班级人员沟通、改善宿舍人际关系、形成健康宿舍文化都可以增强学生归属感并且在一定程度上满足其人际交往需求。

（九）借鉴公平透明机制的启示

可借鉴公平透明机制确保学习公平安全、规则透明和高效反馈。它使得学习规则更加具有公平性和有效性。校园要真正实现"规则面前，人人平等"，每一位学生的付出回报率是相同的，即付出同样的时间和金钱、拥有同样经历的学生，应获得同样的年级、经验等。信息反馈的高效使学生得到极大的心理满足，要保证大多数校园中奖励和成长的快速反馈，对学生产生激励作用。校园高效反馈机制可使学生体验到耕耘则收获的不断成长的感觉。

要根据网络游戏奖惩分明的制度体系结合大学校园的不公平现象，制定详细严格的考核评价体制，利用人力资源中的绩效考核等方法保证在学生社团、学生会、班干部竞选过程中的公平性。公平理论是美国心理学家斯达西·亚当斯发展起来的。这一理论认为人们首先将自己所得到的结果与自己的努力进行比较，然后再将自己所得/付出与其他人的所得/付出比较，如果二者不相等，人们就会产生不公平感。当人们主观感觉到不公平时，工作积极性和个人努力程度就会受到影响。中国社会人情化程度高，高校中人情化现象不可避免。在权利和交际面前，个人能力和贡献显得微不足道。大学生在社团、学生会职位竞选以及班干部奖学金评优过程中常常遇到内定等不公平待遇。这种情况直接降低其对学生工作和学习的热情。从马斯洛需求层次来看，大学生对公平的追求实质是其对制度保护和安全的追求。当大学生对校园环境的公平性感到失望时，会在其他方面寻求替代品以满足安全需求。因此，必须建立公平校园，保证校园公平，以使大学生能够热爱校园生活。可以利用人力资源中的绩效考核理念制定绩效评定标准，形成严格的考核测评机制，保障竞选评优的公平性。

（十）借鉴开放发展机制的启示

可借鉴开放发展机制，打造高度开放和永久发展的校园。校园可根据学生的反应以及设计者的想象随时添加精彩的学习情节。通过情节的开放性，使学生感受到校园不是一成不变的，校园的世界充满未知性，由此引起好奇心和兴趣。校园会随着学生一起成长并不断创新发展变化，持续让学生受到吸引。无论校园情节还是校园风景、校园人物技能等，全部都可以不停地更新，以便持续吸引学习者追求更新颖的成长体验。

网游沉溺机制教育借鉴的核心在于其强大的动机激发机制创造出来的强大吸引力，一旦把握住网游沉溺机制的核心及其适用性，借鉴网游沉溺机制机理，就可以将该原理进行迁移研究。可尝试将其借鉴至其他领域，除解决学生的厌学问题外，还可以解决职工的职业倦怠问题、客户的流失问题、在线教育的高流失率问题等。尤其是当前我国人口红利消失，经济从规模粗放化向集约化发展，因此要向创新和管理要效率。网游沉溺机制的背后是高效创新的有效管理，该管理从容激发各个角色的活力。如果将该套管理模式借鉴至相关领域，激发该领域内的各个地方、各个职位的活力，可能会在很大程度上提升价值生产能力，使得社会生产更加靠近价值链高端，使得科技创新源源不绝。

第二节　探讨解决用户黏性问题

一、网游沉溺机制之软件或传播设计借鉴适用性研究

将网游沉溺机制正向应用到软件或传播设计领域，将网游沉溺机制的巨吸力变为软件对使用用户的吸引，从而破解用户黏性问题，这是网游沉溺机制之软件或传播设计借鉴研究的目的。

从软件分类来说，网游可归入沉浸式软件，其他软件与网游一样都是软件用户操作软件，进而受到软件的吸引。不同的是，网游是一款娱乐软件，而其他软件不一定是娱乐性质的。人们用严肃游戏来指代那些不以轻松娱乐为目的的游戏软件。尽管自20世纪80年代人们就开始设计作为教育工具的严肃游戏软件，遗憾的是，许多早期教育游戏都被证明是令人失望的。不过

也有例外,如受到高度赞誉的《俄勒冈之旅》(Oregon Trail)。严肃游戏的最新趋势是游戏化(gamification),它试图通过将类似于游戏的机制应用到一些通常不被看作游戏的活动中来改变人们的行为方式,或为那些乏味但重要的工作增添趣味性。研究者们已经开始思考如何利用人类喜欢享受游戏的天性来激励人们进行其他有益的行为。《蛋白质折叠》游戏就是近期的一个例子,这是一个众包项目,它将蛋白质分子结构转化为一系列谜题,通过这种方式来研究探索有用的蛋白质结构特征。目前,几乎没有人成功运用游戏化方法创造出具有真正策略性或复杂度的软件,但这肯定是能够做到的。借鉴网游设计用来吸引用户的领域并不限于教育。例如,可以在网上找到很多广告游戏,将它们用于促进商品销售。在国外,许多政治运动会委托专人制作游戏来嘲弄对手,新闻通讯社和游戏公司也开始尝试用小游戏来评论社会时事。在医疗保健领域,游戏也有很多应用成果,如心理和身体治疗以及内外科医师的培训等。尽管在动态自由的游戏中向玩家传达特定信息并不容易,但这是可以做到的。为了说明如何利用网游沉溺机制来传达信息,下面使用传播理论来进行借鉴适用性的相关解释。

网游与电影、书籍、报纸等其他传播媒体之间是有所关联的,都将信息传播给受众。不同之处在于,网游是信号双向传送,而电影、书籍和报纸则是单向信号传送。另外,网游和电影都通过视觉和听觉手段传递,而书籍和报纸则依赖静态图像和书面文本。不同媒体和特定媒体信息对受众的影响效果一直是传播理论的经典研究问题。传播理论研究所有种类的信息和意义,如广告、政治声明、个人观点以及个人艺术眼光和幽默谈吐。传播理论学者建立了一个传播模型,在该模型中,发送者通过一个渠道将一段信息发送给接收者,如图 4-1 所示。

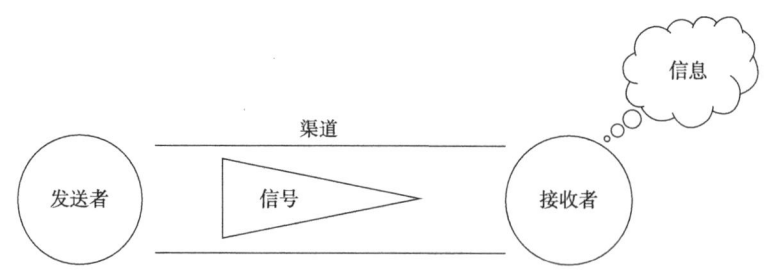

图 4-1 普通传播模型

此传播模型包括潜意识想法,是因为有的发送者试图不引起接收者注意而将信息传达给他们,此时信号是以潜意识刺激的形式被发送出去的。图 4-1 中要素的不同属性以不同形式影响着传播效果。例如,如果信号以押韵形式呈现出来，就能吸引更多注意。此外，渠道或媒介特性也非常重要，音乐容易唤起人们的情感，但却难以表达主张。如果希望高效传达信息，就应该考虑每种媒介特有的优势和劣势。上面这个传播模型是单向的，适用于大众传播媒体，不适用于网游中反映的信息传播情况，这种传播方式将受众变成被动信号消费者。游戏作为传播媒体的一大长处是它允许交互式的传播行为。这种交互式的传播行为不但存在于设计师和玩家之间，也存在于玩家与玩家之间。在网游中，受众与信号之间会产生积极性的关联，更容易产生对信号意义的精准理解，因此产生了通过游戏进行传播的模型，如图4-2所示。

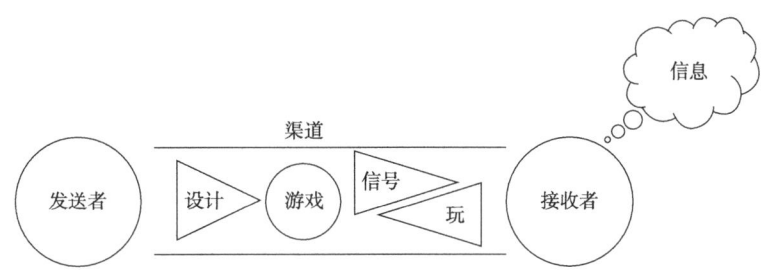

图4-2　游戏传播模型

游戏是唯一一种使用机制来产生信号的媒体，这是游戏拥有的独特品质。尽管电影、电视等也可以像游戏一样使用音频、视频和文字这些表现性的媒体来传达信息，但是它们是单向的，不能与用户交互，更无从了解用户所思所想，而网游机制具有传播优势。图4-2较好地说明了如何通过机制来发送信息。要使用网游作为传播媒介，不但要做出适合传达信息的信号，更需要设计构建出一种能用来生产信号的方式——网游机制，使用这种方式更能唤起接收者的理解和认可，用户通过与网游机制的交互能够准确地把握发送者所要传达的信息。

在制作方面，网游和电影的共同点是它们的信号都需要花大价钱才能造出来，都需要音频、视频的设计。但不同点是，游戏制作过程中很多工作是电影制作人等局外人看不到的，包括软件工程的系统架构工作、机制设计工作、代码开发工作、测试试运行工作等。游戏是交互式的，它们必须包含不同的场景和不同的路径结局。用户需要逐一探索才能得知不同路径的含义所在，进而准确把握发送者的信号意义。

借鉴网游沉溺机制用于软件或传播设计是有难度的。因为通过机制发送信息本身是比较棘手的，接收者自身行为会影响信号的生成，根据接收者行为的不同，声音和图像的播放顺序可能会有不同，也可能不变。作为借鉴网游沉溺机制的信号设计师，必须对游戏可能产生的所有信号进行全面考虑、谨慎处理。要透彻理解机制要求接收者执行的行动和接收者可选的行动。如果暴力策略使得接收者轻松获得胜利，而非暴力策略效率低下、执行困难，就相当于潜移默化地向接收者发送了"暴力是解决问题的有效方法"的信息。因此，使用机制来发送信息比直接陈述信息更含蓄巧妙。尽管有难度，但无论如何，将网游沉溺机制应用到软件或传播设计中具备较好的适用性，通过借鉴机制设计的交互式传播方式或软件方法，能够有效降低用户流失率、增强用户黏性。

二、网游沉溺机制之软件或传播设计借鉴内容研究

在软件工程、网游设计、软件分析方面，均可借鉴网游沉溺机制以增强人机融合交互设计中的用户黏性或者进行软件流行性设计。一般如果需要设计一个增强用户黏性的激励系统或者游戏化系统，需要做好以下5个项目的转换：将业务指标（business metrics）转换为游戏目标（game objective）；将用户（user）转换为玩家（player）；将期望行为（desired actions）转换为胜利状态（win-states）；将反馈机制（feedback mechanics）转换为触发器（trigger）设计；将激励（incentives）转换为奖励（reward）。除了以上概念实体的转换外，还需要将网游中的关键场景行为抽象出来，并从要转换的工作场景中总结出与之相匹配的关键行为。举例来说，网游中的打斗非常关键，挑战、排名、升级、奖励等都离不开打斗，这也是网游吸引玩家的关键行为，那么在软件工程实施游戏化开发时，对应的可以为用户津津乐道的关键行为是什么？要考虑好。

（一）借鉴主角虚拟机制的启示

借鉴主角虚拟机制可以预见，将来沉浸式虚拟现实（VR）或增强现实（AR）的软件的用户黏性会大大优于一般用户软件。沉浸式虚拟现实其明显的特点是：利用头盔显示器把用户的视觉、听觉封闭起来，产生虚拟视觉；同时，利用数据手套把用户的手感通道封闭起来，产生虚拟触动感。系统采用语音识别器让参与者对系统主机下达操作命令，与此同时，头、手、眼均有相应的头部跟踪器、手部跟踪器、眼睛视向跟踪器的追踪，使系统达到尽可能的实时性。临境系统是真实环境替代的理想模型，它具有最新交互手段的虚拟环境。常见的沉浸式系统有基于头盔式显示器的系统、投影式虚拟现实系统。虚拟现实影院（VR theater）就是一个完全沉浸式的投影式虚拟现实系统。用几米高的六个平面组成的立方体屏幕环绕在观众周围，设置在立方体外围的六个投影设备共同投射在立方体的投射式平面上，观众置身于立方体中可同时观看由五个或六个平面组成的图像，完全沉浸在图像组成的空间中。

增强现实（augmented reality，AR）也被称为扩增现实（中国台湾地区）。增强现实技术是一种将真实世界信息和虚拟世界信息"无缝"集成的新技术，是把原本在现实世界的一定时间、空间范围内很难体验到的实体信息（视觉信息、声音、味道、触觉等），通过电脑等科学技术模拟仿真后再叠加，将虚拟的信息应用到真实世界，被人类感官所感知，从而达到超越现实的感官体验。真实的环境和虚拟的物体实时地叠加到了同一个画面或空间。增强现实技术不仅展现了真实世界的信息，而且将虚拟的信息同时显示出来，两种信息相互补充、叠加。在视觉化的增强现实中，真实世界与电脑图形多重合在一起。

目前虚拟现实或增强现实还仅仅是一种场景的再现。借鉴主角虚拟机制，将来可以在精彩情节方面多加设计。另外，在一般软件设计中，如果考虑到将用户作为软件中的主角，以第一人称、第一现场、第一情节的思路来开展，可以增强用户黏性。同时，建议在软件中给主角相应的属性库，比如财富值、经验值、知识力或物品库等。如果是学习系统，可以考虑在物品库中放入词典、码值转换等工具，同时允许用户自己在软件中建立教室、年级走廊、课程大厦、社团塔、知识合成厂等。

（二）借鉴场景转换机制的启示

借鉴场景转换机制，在人机融合设计交互软件时要加强对场景界面和背景音乐的加工。不同的精美绝伦的场景和背景音乐将对用户产生无形的吸引力，使用户产生依恋情感。要精心打造软件的每个场景，每次场景切换，音乐随之切换，让用户感觉焕然一新，好像被重新赋予了活力。在用户登录时，其登录界面也要经常更新，每次登录都让用户有新颖感。

（三）借鉴升级冷却机制的启示

借鉴升级冷却机制，在进行软件设计或传播交互时，每当玩家取得了新的进展、完成了一项系统任务或者一项新的探索，就要立即给予奖励，并使用恢宏大气的奖励界面强调显示。当奖励到一定程度时，要给出用户祝贺升级用语，给出用户新的称号或者级别。伴随新级别的是开放本软件中适应本级别的相应功能按钮，这些按钮在刚进入时可以不呈现，也可以呈现不激活，但是对于用户点击，必须立即给予反馈，可以注明使用级别。为了鼓励用户进行相关训练或学习，可以设立相应的悬赏任务，一旦用户完成，立即赋予相关奖励。如果是学习系统，则当用户学习了一段时间后，设计需要冷却后才能再次学习，不同学习系统的用户有学习经验、知识累计等的不同。

（四）借鉴公会团队机制的启示

借鉴公会团队机制，在软件设计或传播交互设计时要考虑用户群体要素。

用户自己可以创建组织，也可以加入其他用户创建的组织，一旦加入或创建，要消耗用户的财富。用户的财富可以由时长来控制，也可以通过知识竞赛PK、完成奖励或悬赏任务、自习天梯等赚取。加入群体组织后，系统要向用户开放出更多的功能和按钮，同时用户的财富值产出要有提升。在群体组织内可以设立学习塔，里面会有不同级别的攻关秘籍。群体之间可以进行知识挑战，挑战之后有群体排名。用户还可以组队去知识赛区闯关。

（五）借鉴战斗交际机制的启示

借鉴战斗交际机制，任何两个用户之间都可以PK。其PK内容可以是任何课程内容或对软件熟悉的内容，但是级别要一致，PK结果作为排名依据，不服可以再次挑战。用户之间可以进行挑战，用户自己也可以单人闯关，用户还可以组队闯关，每次闯关均会有惊喜宝物或礼品赠送。用户也可以参与用户群体之间的大决战。软件或传播要设计好用户之间的通信沟通，设计相应的好感礼物，增强用户之间的交际沟通。

（六）借鉴奖励悬赏机制的启示

借鉴奖励悬赏机制，可以把需要用户完成的事情（比如熟悉软件操作、课程作业等）以奖励或悬赏的方式给出来。奖励和悬赏的任务设置不能太大，用时较短即可完成。一旦用户进入系统，要给出用户的主线任务，主线任务是推动学习进行的路径，每次完成，即可给予奖励。奖励或悬赏的物品可以多种多样，经验值、财富值、学魂、精英称号等均可，各项属性值均可以累增，达到一定程度即可升级。对于某个知识点的讲解或过关，要看其下级知识点是否都掌握了，可以在知识合成厂合成新知识，这样只要缺乏任何一个下级知识点，都会导致本知识点无法合成。一旦合成，在知识竞赛过关时配戴该知识点宝石，则可轻易过关。

（七）借鉴财时交换机制的启示

软件即服务，可以借鉴财时交换机制更好地完成软件或传播功能。如果用户在某个环节不希望自己动手做，则可以交费让软件服务人员代劳，完成后用户可以继续，或者开启外挂功能，允许用户付费使用，最大限度方便有加急等需要的用户。如果是学习系统，则建议不可以代劳。另外，在时长收益和种植收益上进行设计，从用户登录开始计时，每隔半个小时或一定时间则发放财务值给用户，一个时长礼包完毕马上开启另外一个。种植实际上也是时长收益的一种，只不过它将用户下线后的时间也算在内，也就是说，用户下了线、再次上线后，如果中间时间长度已经满足收获的条件了，用户就可以马上收获，种植收获不依赖用户的线上时间。还可以开启软件内部的市场或商城功能，允许用户将自己的问题放上去，悬赏或拍卖给其他用户做。

(八)借鉴新老融入机制的启示

借鉴新老融入机制,在用户刚刚开始使用时要给用户一定奖励,之后每天签到时给予奖励,签到达到一定次数后给予一定奖励。在逢年过节时用户签到要有不同的惊喜奖励。当用户很久没有来、再次上线时,要有温暖亲切的欢迎,并给予丰富的回归奖励,让用户获得亲情归属感。在人机融合交互设计中,要以人为本,在设计的过程中最大限度地考虑情感、动机、感觉等人类心理因素。无论一个产品具有多么厉害的功能,如果用户压根不想用,那么就是失败的。做好游戏化设计,要尽可能多地设置用户情感对象,满足用户多方面的情感需求,用户黏性越强,用户回访的概率就越高,就越有可能成为常青树,在激烈的竞争中才能立于不败之地。

(九)借鉴公平透明机制的启示

玩家或体验者看到的公平透明机制,在设计制作时往往归作平衡系统的设计。当设计多用户平等角色扮演相关软件开发时,要设法解决不平衡的问题,这往往也是最难解决的问题。可以考虑模仿世界上现存的平衡系统,如:两个元素的系统,可以借鉴硬币的正反面、阴与阳、黑与白;三个元素的系统,可以借鉴石头、剪刀、布,生态系统中的生产者、消费者和分解者,游戏中常见的骑兵克步兵、步兵克枪兵、枪兵克骑兵;四个元素的系统,可借鉴风、水、火、地或青龙、白虎、朱雀、玄武;五个元素的系统,可借鉴金、木、水、火、土;八个元素的系统可以使用八卦,有固定的复杂关联标准。借鉴经验是:复杂的平衡系统是由简单的平衡系统构成的;简单的平衡系统只有按照平衡系统的规律去构成复杂系统,才有可能形成复杂的平衡系统;复杂的平衡系统中,最基本的元素只跟自身所属的简单平衡系统关联,不跟其他简单平衡系统关联,才容易达成平衡。另外,为了增强用户黏性,设计时要注意:一定要有优势策略,完全没有优势策略的系统是乏味的;只要有两种以上的策略,通常就存在优势策略;对于不同的人,可能有不同的优势策略;对于同一个人,在不同场合或时期可能有不同的优势策略;混合而丰富的优势策略是有趣的;绝对的优势策略是不平衡的;在设计增减平衡时,要注意调整平衡、慎用减法,因为一旦减掉就很难恢复;使用加法调整平衡的时候,一定要注意控制规模;预设开关是个控制平衡的好方法,开关不能是两极式的,应该是滑块式的;开关与开关之间最好不要联动;调整一个项目,最好有且只有一个开关。

(十)借鉴开放发展机制的启示

尽可能多地在软件设计时给用户控制权,多给用户一些选择。例如,可以向游戏中的锻造机制学习,完全在规则控制下由用户自行决定加工哪样装备、怎么加工以及如何使用。在学习系统中，完全可以让用户自由选择使用PK机制进行挑战性学习或去学习塔自习。建议采用迭代式开发模式，在软件设计开发之初就邀请用户过来试用，根据用户体验进行修改，每隔一定时期就请用户试用并提供感受，认真采纳用户意见，不断进行改进。

很多成绩斐然的游戏如《魔兽世界》《摇滚乐队》《粘粘世界》《半条命2》等，迭代式开发无一例外地都发挥着关键性作用。迭代过程其实概括了原型设计过程——组织内容，加以试验，调整改进，直到实现预想结果。实时游戏机制形成的是一种交互式的体验，开发者根本想象不到那些极端玩家会对发送者要传达给他们的信息做何反应。只有通过测试和观察或者采集分析数据，开发者才能衡量设计带给玩家的实际体验以及玩家对设计的理解。

《小小大星球》（LBP）的总监提到，在创办之初就精心塑造企业文化，建立一种开放式空间，这种经由全体同仁努力培育起的企业文化对成功起到了关键作用。在 LBP 中，一项最为关键的功能就是在玩家体验中聚合大量的用户生成内容（user-generated content，UGC）。

第三节　探讨解决网游社会事件

一、网游沉溺引发社会事件纠正责任研究

网游沉溺引发了一个个的社会事件。2012 年 4 月 18 日，14 岁少年沉溺网络，用砖头连击奶奶 30 余下致其死亡；2012 年 4 月 10 日，17 岁少年为玩网游屡持铁棍撬盗；2012 年 3 月 26 日，14 岁少年因恋上网游入室行窃……是什么使一个个花季少年走上犯罪的道路呢？

有人认为，从表面来看，网络游戏或许是一切的罪魁祸首，在大量媒体的报道引导下，舆论认为网吧就是诱发犯罪的场所。然而事实是否真的如此？网游是否只有负面影响？社会关注的焦点大多集中在其中的负面影响，其实网络在另一方面也拯救了很多性格自闭、内向的年轻人。独生子女家庭已经成为主流，很多孩子的生长环境并不乐观。网络的一大魅力在于制造一个新的世界，在其中能得到很多与现实生活当中不一样的交流。有人认为，沉迷网络责任在于社会。正确地引导青少年使用网络需要学校的教育和家庭的配合，尤其重要的是家庭的作用，家庭教育的欠缺、社会文化的不良影响和学习生活的压力都为青少年犯罪埋下了伏笔。网络游戏盛行，很多青少年沉迷其中不可自拔。心理专家指出，青春期的青少年有着很强的叛逆心理，对事物缺乏正确判断和认知，容易驶离正确的人生航道。只有进行正确的引导才

能使青少年健康地成长，一味地斥责并不能成为解决问题的办法。

本课题研究认为，在谈到网游沉溺引发社会事件的责任时，要分析清楚三点。第一点，要分析清楚网游沉溺的原因是什么。只有对症下药，才能避免更多的网游沉溺。第二点，要分析清楚网游沉溺的伤害对象都有哪些人，都有谁承担了网游沉溺的事件后果。第三点，要分析清楚网游沉溺的受益者是谁，究竟是谁从网游沉溺之中得利了。然后分析网游沉溺的原因、伤害后果和受益者都涉及哪些行业和领域，进而分清主次，给出系统的化解方法。

网游沉溺引发社会事件具有多个方面的原因。从客观上讲，网游存在着沉溺机制，几乎能够满足马斯洛各个正常人类需求层次的需要，使人容易沉溺。另外，网游玩家客观上以青少年为多，这些青少年玩家心理不够成熟、自控力弱、判断辨别能力不强、对待成败的淡定心理不够成熟，个别青少年家庭和学校情感缺失，这些都成为网游沉溺引发社会事件的客观存在。

网游沉溺引发社会事件，其不良事件结果的承受者往往是家庭，其次是学校和社会。深度沉溺导致的伤害无外乎三种：第一种是对自身的伤害，如退学、卖肾、网游仇杀或学网游在现实中跳楼等。第二种是对爱自己的人的伤害，如伤害家人、老师和同学，其中尤其以伤害父母为多。首先是花费家庭巨资，其次是混淆网游和现实，运用网游中的打法来对待父母和长辈，甚至发生杀害案例。第三种是对社会及他人的伤害。家庭状况满足不了花钱买更好装备的欲望，玩家就铤而走险、盗窃、杀人劫财或贪污巨款等，这就给社会造成了巨大伤害。而且每一起网游沉溺引发的社会事件都需要人力、物力和财力来处理，这些也都是对社会的影响。

那么究竟是谁从网游沉溺中得到了好处呢？网游沉溺玩家的巨资都被谁拿走了呢？答案是网游代理运营商、网游销售商、网游开发商、网吧或网络服务提供商、国家税收和国内生产总值（GDP）。这里面可能要分层次，拿最大份额的（估计份额应该在60%以上）应该是网游代理运营商、网游销售商、网游开发商，其次是网吧或网络服务提供商，最后是国家对网游产业的税收和GDP增长。

综上所述，通过对网游沉溺的原因分析，网游自身存在的客观沉溺机制和玩家自身存在的主观心理特质一起构成网游沉溺现象。通过对伤害对象和受益对象等方面的分析发现，自身、家庭和社会（含网游场所、教育阵地、警法界等）都受到了伤害或影响，网游相关企业、场所都得到了益处。考虑到网游沉溺是玩家自身、网游自身、家庭、社会共同导致的，因此，网游沉溺引发社会事件的纠正责任，也应该由玩家自身、网游自身、家庭和社会共同承担。青少年年龄偏小，正处于心理发展期，自身原因是不可避免的，因此，网游自身、家庭和社会（含网游场所、教育阵地、警法界等）为了避免对网游者造成进一步的伤害和影响，都负有纠正责任，而网游相关企业和场所从中得到了益处，借鉴环保界的"谁污染，谁治理"原则，网游相关企业负有最为主要的纠正责任。然而作为受益主体的网游企业，是否会主动配合承担纠正的主要责任，是需要考虑的。如果不能主动承担，可能需要家庭、社会、学校和警法界等共同监督，以法律或相关规定来明确要求它承担。如果玩家已经不再是青少年，则此时网游沉溺现象的纠正责任主体还要加上玩家。玩家既然已经成人，具备了独立民事行为能力，如果不能正确对待网游，而是进入网游发生沉溺现象，则表明玩家需要在自控力、自知力和淡定力方面加强锻炼。对此，如果玩家无法自行锻炼提高，则可以由家庭、学校、网瘾基地、警法界共同帮助其提高。

二、网游沉溺的现行纠正政策及结果研究

关于对网游沉溺现象的纠正和反纠正的斗争一直在持续着，网游沉溺引发的社会事件早已引起有识之士的忧思，国家和政府层面也出台了纠正网游沉溺的相关政策和文件。

（一）文化部和信息产业部2005年出台《关于网络游戏发展和管理的若干意见》

为深入贯彻落实党和国家有关网络文化市场发展的指导思想，贯彻落实《中共中央国务院关于进一步加强和改进未成年人思想道德建设的若干意见》（中发〔2004〕8号），加大网络游戏管理力度、规范网络文化市场经营行为，提高我国网络游戏原创水平，促进网络文化产业的健康发展，文化部和信息产业部于2005年出台了《关于网络游戏发展和管理的若干意见》（以下简称《意见》）。

《意见》指出我国网络游戏市场的现状和发展目标。网络游戏是通过信息网络传播和实现的互动娱乐形式，是一种网络与文化相结合的产业。近年来，网络文化市场发展很快，网吧等互联网上网服务营业场所遍及全国城乡，带动了网络游戏市场的发展。随着互联网迅速普及、宽带接入社区和家庭，我国网络游戏市场发展迅速并进入了一个高速增长期，创造了较大的产值，带动了相关产业的发展，对促进我国网络经济和娱乐业的发展、丰富互联网时代人民群众的文化娱乐生活起到了积极作用。

《意见》同时指出，我国网络游戏处于发展的初期，存在许多不容忽视的问题，有的还比较严重。主要表现为：一是网络游戏产品中存在淫秽、色情、赌博、暴力、迷信、非法交易敛财以及危害国家安全等违法和不健康内容。

二是拥有自主知识产权的民族原创网络游戏产品未能主导市场。三是经营模式雷同，产品类型单调，以打斗和练级为主的游戏产品占据了较大的市场份额。四是"私服""外挂"等侵犯知识产权、破坏市场秩序的问题突出。五是诱发一系列社会问题，影响缺乏自制能力的未成年人的身心健康。这些问题严重损害了我国网络游戏市场的健康发展。

《意见》指出，要以科学发展观来指导和检验网络游戏发展和管理工作，既清醒地认识到网络游戏存在的问题，采取措施、加强监管，努力解决现存的问题，为广大未成年人营造和谐的网络文化环境，又充分重视网络游戏的积极作用和产业价值，立足长远，支持民族原创网络游戏产业的发展，使内容健康向上、形式丰富多彩的网络游戏产品居于国内市场的主流，民族原创网络游戏产品尽快占据国内市场主导地位，适时进入国际市场，网络游戏市场经营行为得到有效规范，知识产权得到普遍尊重，法制管理体系基本完备，打造一批具有中国风格和国际影响的民族原创网络游戏品牌。

在关于如何支持网络游戏产业健康发展方面，《意见》提到构筑产业支持体系、实施民族游戏精品工程、积极培育网络游戏产业孵化器和努力开发网络游戏周边产业这几个方面。《意见》指出，网络游戏作为软件产业的一个重要组成部分，电子信息产业发展基金应加大支持力度，作为游戏产业的引导资金，重点开发网络游戏研发生产的核心技术。进一步贯彻落实国务院《鼓励软件产业和集成电路产业发展的若干政策》（国发〔2000〕18号）和《振兴软件产业行动纲要》（国办发〔2002〕47号）等软件产业政策。推动建立游戏产业人才培养体系。积极培养网络游戏策划人员、研发人员和营销管理人员。推进游戏职业培训，提高社会自身人才培养力度，积极鼓励游戏企业独立办学或与高校联合办学培训人才。《意见》提出积极鼓励、引导、扶持国内软件开发商、网络运营商、内容提供商等各类企业，开发和推广弘扬民族精神、反映时代特点、拥有自主知识产权的网络游戏产品，形成一批具有中国历史文化内涵、凝聚民族精神与情感的民族游戏精品，争取在3年左右时间内占据国内市场的主导地位，并进一步开拓和占领国际市场。《意见》指出，在发展文化产业条件较好的地方，依托高新技术产业园区、软件产业园区，聚集游戏产业链上的相关企业、科研院所，筹建若干个国家数字娱乐产业示范基地。主要开展动漫游戏产业的培训、研发、产业孵化与国际合作，使之成为我国网络游戏产业的孵化器。重点研发具有自主知识产权的网络游戏核心技术，建设我国自主的游戏软件可复用构件数据库，尽快建立我国游戏软件的脚本、构件库等产业化的技术基础，大力支持中小企业的发展。《意见》提到网络游戏对相关产业具有明显的带动作用，要促进国产网络游戏衍生产品的开发,包括图书期刊、音像制品、玩具文具、食品、服饰、娱乐设施、动漫产品、游戏展会等。通过游戏衍生产品的综合开发,扩大和增加我国网络游戏产业规模,真正形成我国网络游戏产业再生产的良性循环机制。

对于如何规范网络游戏市场秩序方面,《意见》提出了严格市场准入、加强网络游戏产品的进口管理工作、加大对"私服""外挂"等违法行为的打击力度、切实加强对网吧的管理、规范网吧市场秩序、加强行业自律和社会监督以及各地要合理引导、加强管理等措施。

在严格市场准入、强化内容监管方面,《意见》提到文化部将严格审批网络游戏等互联网文化经营单位,提高市场准入门槛,申请新设立从事网络游戏经营活动的互联网文化经营单位除符合有关规定外,还应当具备 1 000 万元以上的注册资金。对未经文化部许可、擅自利用互联网从事网络游戏等互联网文化经营活动的要依法取缔。网络游戏产品的内容应当符合我国法律法规的规定,弘扬民族优秀文化,大力提倡具有中国特色、民族风格和时代特点的民族的、科学的、大众的先进文化产品;严禁含有淫秽、色情、赌博、暴力、迷信、非法交易敛财以及危害国家安全等内容的网络游戏产品在国内的生产和传播。对含有违法违规内容的网络游戏产品,应按照《互联网文化管理暂行规定》第二十四条的规定予以处罚;情节严重,违反《互联网信息服务管理办法》的,移交公安机关依法查处;构成犯罪的,依法追究刑事责任。

在加强网络游戏产品的进口管理工作方面,《意见》指出要严格实行进口网络游戏产品内容审查制度,有选择地把世界各地的优秀网络游戏产品介绍进来,防止境外不适合我国国情和含有不健康内容的网络游戏产品的侵入。进口业务由文化部批准的经营性互联网文化单位经营,进口网络游戏产品应当报文化部进行内容审查。任何单位和个人不得擅自进口、传播和流通未经文化部批准进口的境外网络游戏产品。凡未经文化部内容审查和未按信息产业部《软件产品管理办法》进行登记备案的网络游戏产品一律不得在国内运营,不得作为电子竞技等网络游戏比赛项目。对擅自传播进口网络游戏产品的,由文化部门依法对相关服务器提供者予以查处,并由通信管理部门根据文化部门提供的书面认定处罚意见,按照互联网管理的行政法规的规定对相关网站依法予以处理。

《意见》同时指出,加大对"私服""外挂"等违法行为的打击力度。经营"私服"和"外挂"属于未经许可擅自利用互联网从事网络游戏经营活动的违法行为,要依照《无照经营查处取缔办法》予以取缔。加强对网吧的监管,取缔网吧中的"私服""外挂"行为,通信管理部门要依据文化部门提供的书面认定处罚意见及网站 IP 地址等相关情况,按照互联网管理的行政法规的规定依法予以查处。

在切实加强对网吧的管理、规范网吧市场秩序方面,《意见》指出要按照取缔非法、控制总量、加强监管、完善自律、创新体制的要求,坚持一手抓整顿和规范,一手抓改造和提高,充分利用市场机制改造和提升现有网吧产业,引导其向规模化、连锁化、主题化、品牌化方向健康发展。严厉查处网吧接纳未成年人进入的行为,认真落实网吧经营管理技术措施。

《意见》要求加强行业自律和社会监督。网络游戏企业应当依法经营,按照国家有关标准,开发网络游戏产品身份认证和识别系统软件,对未成年人上网游戏和游戏时间加以限制,对可能诱发网络游戏成瘾症的游戏规则进行技术改造,其中 PK 类练级游戏(依靠 PK 来提高级别)应当通过身份证登录,实行实名游戏制度,拒绝未成年人登录进入。积极发挥守法经营、声誉良好的经营性互联网文化单位在网络游戏市场中的示范带头作用,引导新闻媒体等社会舆论,加强正面宣传,改善行业形象。建立健全行业协会组织,加强行业自律、行业服务、规范企业竞争行为。

最后《意见》要求,各地要合理引导、加强管理,结合本地实际情况,采取有效措施,促进民族原创网络游戏产业的发展,为构建和谐社会创造良好的网络文化环境。

(二)新闻出版总署、中央文明办、教育部等部门 2007 年下发《关于保护未成年人身心健康 实施网络游戏防沉迷系统的通知》

为了进一步加强对未成年人身心健康的保护,切实防止未成年人发生网游沉溺现象,新闻出版总署、中央文明办、教育部、公安部、信息产业部、共青团中央、中华全国妇女联合会、中国关心下一代工作委员会等于 2007 年联合下发了《关于保护未成年人身心健康 实施网络游戏防沉迷系统的通知》(以下简称《通知》)。《通知》要求,自 2007 年 4 月 15 日起,在全国网络游戏中推广实施防沉迷系统。在新闻发布会上,新闻出版总署有关人士表示:今后,没有设置防沉迷系统的网络游戏,将不予审批或备案,也不准公开测试运营。防沉迷系统于 2007 年 7 月 16 日全面实施。该系统将针对所有在中国运营的网络游戏,不仅包括大型网游,还包括腾讯和联众运营的休闲网游。

《通知》规定,防沉迷系统的实施将按三个步骤进行:2007 年 4 月 15 日至 6 月 15 日,国内各网络游戏企业需按照《网络游戏防沉迷系统开发标准》在原有网络游戏中开发防沉迷系统;2007 年 6 月 15 日至 7 月 15 日为系统测试时间;2007 年 7 月 16 日起防沉迷系统正式投入使用。

据介绍,《网络游戏防沉迷系统开发标准》的核心内容是:未成年人累计 3 小时以内的游戏时间为"健康"游戏时间,超过 3 小时以后的 2 小时为

"疲劳"游戏时间，在此时间段，游戏收益减半，如累计游戏时间超过 5 小时即为"不健康"游戏时间，收益将降为零，强迫未成年人下线休息。网游无防沉迷系统将不予审批备案，也不准公开运营。

大多数网络游戏都设置了经验值增长和虚拟物品奖励功能，而获得上述奖励主要靠长时间在线累计获得，因而导致一些青少年过度沉迷。针对网络游戏的这一特点，防沉迷系统将未成年人 3 小时以内的游戏时间设为"健康"时间，每小时对游戏者做一次提醒；超过 3 小时后的 2 小时为"疲劳"时间，"疲劳"时间游戏者获得的游戏收益将减半，并每 30 分钟对游戏者提醒一次。累计游戏时间超过 5 小时即为"不健康"游戏时间，游戏收益将降为 0，并每 15 分钟提醒一次，以此促使未成年人下线休息、学习。系统还规定，玩家玩满健康游戏时间，该账号必须还要经过 5 个小时的线下时间累计间隔，才能正常启用。具体实施规则如下：

使用者在线后，其持续在线时间将累计计算，称为累计在线时间。

使用者下线后，其不在线时间也将累计计算，称为累计下线时间。

使用者累计在线时间在 3 小时以内的，游戏收益正常。每累计在线时间满 1 小时，应提醒一次："您累计在线时间已满 1 小时。"至累计在线时间满 3 小时时，应提醒："您累计在线时间已满 3 小时，请您下线休息，做适当身体活动。"

如果累计在线时间超过 3 小时，进入第 4~5 小时，在开始进入时就应做出警示："您已经进入疲劳游戏时间，您的游戏收益将降为正常值的 50%，请您尽快下线休息，做适当身体活动。"此后，应每 30 分钟警示一次。

如果累计在线时间超过 5 小时、进入第 6 小时，在开始进入时就应做出警示："您已进入不健康游戏时间，请您立即下线休息。如不下线，您的身体健康将受到损害，您的收益已降为零。"此后，应每 15 分钟警示一次。

如果使用者的累计下线休息时间已满 5 小时，则累计在线时间清零，如再上线则重新累计上线时间。

据了解，防沉迷系统将与《网络游戏防沉迷系统实名认证方案》配套实施，公安部门将对网络游戏者的身份信息进行验证甄别，以保证防沉迷系统针对未成年人发挥应有的作用。

防沉迷系统开发旨在通过惩罚性削减不健康游戏时间内的游戏收益，迫使玩家合理地安排学习、工作、休息、娱乐时间。而目的是防止青少年利用过多时间在网络游戏上而荒废学业、增加大量社会问题的网游沉溺现象。

自 2007 年 7 月起，各大网络游戏运营商均投入使用防沉迷系统，要求注册玩家提供身份证、姓名等信息，网络游戏运营商以这些信息交公安部门核对，若信息正确且玩家大于等于18周岁，则不纳入此系统，反之，将纳入防沉迷系统。

新闻出版总署"防沉迷系统"负责人寇晓伟在采访时回答："所以我们非常明确如果这个系统试运行之后完善了，取得了很好的结果，得到了社会的充分认可，那么我们肯定要在所有的网络游戏实行这个防沉迷系统。"

尽管此纠正工作完全出于对网游沉溺现象的防范，更是对未成年人和家庭、社会的保护，然而部分青少年等玩家毕竟未成年，在纠正出台的同时，个别玩家反纠正的应对也在继续。虽然网络游戏公司在玩家注册时要求验证注册者的身份证明，从而达到识别未成年人的目的，但是未成年人可通过盗用成年人的身份证明从而避免受到防沉迷系统的限制；个别网吧或者网游运营者因为利益关系，往往睁只眼、闭只眼；未成年人也可能通过注册和操作多个游戏账号来避免游戏时间限制的惩罚性措施，而这甚至还可能造成游戏时间的延长。

尽管不是十全十美，但毕竟是从国家层面开始根治恶性网游，《通知》的出台为减少网游沉溺现象起到了重大作用，这在网游沉溺治理史上应该是一个里程碑式的进步。

（三）新闻出版总署等八部门于2011年启动网游防沉迷实名验证

新闻出版总署等八部门在2007年4月就启动了防沉迷系统，要求网民玩网游登记身份证，但由于没有对身份证进行实名认证，出现了大量虚假身份证的情况。为了解决进一步身份证的真实性问题，新闻出版总署、中央文明办、教育部、公安部、工业和信息化部、共青团中央、中华全国妇女联合会、中国关心下一代工作委员会等八部门于2011年7月1日联合印发《关于启动网络游戏防沉迷实名验证工作的通知》，并于2011年7月29日在上海举行的ChinaJoy上宣布启动网游防沉迷系统的实名验证工作，即验证身份证号码的真实性。这项工作在2011年9月底前为试运营阶段，2011年10月1日起正式实施。

本次启动的网游防沉迷实名验证工作涵盖所有电脑（PC）网游，不包括手机在线网游。对于iPad等平板电脑平台的网游，如果平板电脑连接的是PC互联网网络，同样需要进行防沉迷实名验证；如果连接的是移动通信网络，则作为手机网游处理，不受此次政策的影响。按照分工，新闻出版行政部门将组织开展对网游防沉迷系统监督检测，特别督促企业切实落实实名验证工作，对存在不达标问题的网络游戏运营企业进行查处；公安部门督促指导全国居民身份证号码查询服务中心开展实名验证工作。其他各个部门也承担相应的监督职能。

此次实名验证工作彻底解决了 2007 年后出现的使用虚假身份证的问题，但是未成年人（或网吧）借用成年人真实身份证玩游戏的情况依然还是个难题。使用摄像头外加身份证实名验证系统，同时将两者信息传递至专门的身份证冒用检查机构，或许能够解决或减轻网吧和个人借用身份证的问题。

（四）国家新闻出版署发布《关于进一步严格管理 切实防止未成年人沉迷网络游戏的通知》

一段时间以来，未成年人过度使用甚至沉迷网络游戏的问题突出，对正常生活学习和健康成长造成不良影响，社会各方面特别是广大家长反应强烈。为进一步严格管理措施，坚决防止未成年人沉迷网络游戏，切实保护未成年人身心健康，国家新闻出版署于 2021 年 8 月 30 日发布《关于进一步严格管理 切实防止未成年人沉迷网络游戏的通知》。内容如下：

严格限制向未成年人提供网络游戏服务的时间。自本通知施行之日起，所有网络游戏企业仅可在周五、周六、周日和法定节假日每日 20 时至 21 时向未成年人提供 1 小时网络游戏服务，其他时间均不得以任何形式向未成年人提供网络游戏服务。

严格落实网络游戏用户账号实名注册和登录要求。所有网络游戏必须接入国家新闻出版署网络游戏防沉迷实名验证系统，所有网络游戏用户必须使用真实有效身份信息进行游戏账号注册并登录网络游戏，网络游戏企业不得以任何形式（含游客体验模式）向未实名注册和登录的用户提供游戏服务。

各级出版管理部门加强对网络游戏企业落实提供网络游戏服务时段时长、实名注册和登录、规范付费等情况的监督检查，加大检查频次和力度，对未严格落实的网络游戏企业，依法依规严肃处理。

积极引导家庭、学校等社会各方面营造有利于未成年人健康成长的良好环境，依法履行未成年人监护职责，加强未成年人网络素养教育，在未成年人使用网络游戏时督促其以真实身份验证，严格执行未成年人使用网络游戏时段时长规定，引导未成年人形成良好的网络使用习惯，防止未成年人沉迷网络游戏。

本通知所称未成年人是指未满 18 周岁的公民，所称网络游戏企业含提供网络游戏服务的平台。

（五）中央宣传部、国家新闻出版署有关负责人约谈腾讯、网易等游戏企业和平台

2021 年 9 月 8 日，中央宣传部、国家新闻出版署有关负责人会同中央网信办、文化和旅游部等部门，对腾讯、网易等重点网络游戏企业和游戏账号租售平台、游戏直播平台进行约谈。

约谈指出，近段时间以来，中央宣传部、国家新闻出版署先后发布《关于进一步严格管理切实防止未成年人沉迷网络游戏的通知》《关于开展文娱领域综合治理工作的通知》，立足培养时代新人，坚持人民立场和群众观点，出台系列重要管理举措，得到社会各方面热烈响应和积极支持，充分体现了党和政府对未成年人健康成长的关心关爱。各网络游戏企业、游戏账号租售平台、游戏直播平台要提高政治站位、强化责任担当，深刻认识严格管理、防止未成年人沉迷网络游戏的重要性紧迫性，坚决将有关要求落到实处，切实保护未成年人身心健康。

约谈强调，各网络游戏企业和平台要严格落实通知各项要求，不折不扣执行向未成年人提供网络游戏的时段时长限制，不得以任何形式向未成年人提供网络游戏账号租售交易服务。要加强网络游戏内容审核把关，严禁含有错误价值取向、淫秽色情、血腥恐怖等违法违规内容，坚决抵制拜金主义、"娘炮"、"耽美"等不良文化。要自觉抵制不正当竞争，防止过度集中甚至垄断，把重心放到推动科技创新、更好满足人民精神文化生活新期待上来。要强化"氪金"管控，杜绝擅自变更游戏内容、违规运营游戏等行为，坚决遏制"唯金钱""唯流量"等错误倾向，下决心改变诱导玩家沉迷的各类规则和玩法设计。要严格管理游戏宣传推广，规范限制明星代言游戏广告，不得为违规游戏提供推广途径。要加强游戏直播管理，禁止出现高额打赏、未成年人打赏等情况。

中央宣传部、国家新闻出版署将会同有关部门和地方加大督查力度，开展专项检查，严肃处理违规行为；近期将上线防止未成年人沉迷网络游戏举报平台，及时受理和处置问题线索，对落实不到位的企业，发现一起严处一起，确保防沉迷工作落到实处、取得实效。

第四节 探讨出台国家防沉溺标准

一、反向应用网游沉溺机制来确定网游级别和玩家心理级别国家标准

根据网游沉溺机制，对现行网游进行级别审定，对于超过一定级别的网游，只允许具备一定资格的玩家进入。一种方式是，玩家进入前应该通过网游防沉溺的心理测试，主要测定自控力、自知力和淡定力，通过测试的玩家才可以玩更高级别的网游。这样，将那些容易沉溺网游的人和容易让人沉溺的网游分开来，确保网游得到健康发展，避免网游沉溺引发社会事件的副作用。还有一种方式就是，建立国家沉浸式软件开发标准，所有沉浸式软件内

部必须满足国家防沉溺标准，所有需要使用沉浸式软件的用户在使用之前都必须经过心理测定（主要测定自控力、自知力和淡定力），该软件开发应用国家防沉溺标准后，对于具有不同心理测定结果的玩家，网游内部会呈现不同的防沉溺控制措施，从而确保该玩家不会发生沉溺。关于网游防沉溺关键因素的国家标准要联合不同的玩家心理特质来确定，网游中的防沉溺关键因素国家标准与网游玩家的心理级别国家标准的对应关系则需要研究后确定。由于网游沉溺引发社会现象的发生主要是玩家和网游交互引起的，从传播角度上讲，阻止传播的发生，无论从发送者方阻止、从接收方阻止或者从传播途径上阻止都是可以的。目前本研究主要考虑从接收方和发送方的传播途径即机制上进行纠正，即人的因素和机制的因素。

如果从人的因素来考虑纠正措施，即外部纠正，其思路如下：网游沉溺现象的发生是由于人和网游沉溺十大机制产生交互。网游和人缺一不可，因此网游沉溺现象的纠正思路也要从这两个方面出发，才能起到较好效果。玩网游不沉溺者同时具备三个特征，即应当具备清醒的自知能力（可以时刻警醒处境）、高度的自控能力（可以随时离开诱惑）、成熟的淡定心理（可以做到胜败不究）。这里面以高度的自控能力为最关键的要素。本课题的体验研究者在检验其具备清醒的自知能力（可以时刻警醒处境）、高度的自控能力（可以随时离开诱惑）、成熟的淡定心理（可以做到胜败不究）之后，才可以开展体验。因此，对于网游沉溺现象的外部纠正，可以考虑从自知力、自控力和淡定力三个角度入手。

建议建立沉溺玩家的三维心理测量模型，即自知力、自控力和淡定力的三维沉溺测量模型。如果三者都差，则沉溺最深，不易摆脱。可以结合心理测量学，给出测定三者的量表。自知力、自控力和淡定力中的任何一项比较弱，都会导致网游沉溺现象的发生。没有自知力，尽管可以自控或淡定，但是却不知何时退出。没有自控力，尽管自知需要退出，也知道胜败不究，但是控制不住自己继续玩。没有淡定力，尽管自知需要退出，也可以控制自己退出，但是心不甘，胜的还想再胜，输的还想打赢，容易被激发斗志，因此也容易沉溺。

现有的防沉迷系统，其有效性的充分发挥存在一个前提假设，那就是假设18岁以上的玩家已经在自知力、自控力和淡定力方面达到了对抗网游沉溺的标准。那么究竟是否达到，可能还需要一个统计学意义上的验证。如果能够证明18岁前后的玩家在自知力、自控力和淡定力方面存在一个显著性差异，那就说明这个标准的设立是比较科学的。当然，统计学上的意义并不代表18岁以后的所有玩家在自知力、自控力和淡定力方面都能够达到对抗网游沉溺的标准。因此，理想的网游防沉溺措施应该是根据每个玩家的自知力、自控力和淡定力的具体情况做出判断，这是从本质上的理论层次的严谨防范，但是显然这个措施从实际操作层面上讲有一定的难度。

目前，除了政府部分外，世界各地民众也都开始自发抵触恶性网游，比较常见的是，在网络上发起相关帖子，告知"十大最不适合孩子们的游戏""十大不宜少儿游戏评选""十大少儿不宜、含有成人内容的游戏"等，通过这个措施提前让广大家长得知某游戏的恶俗之处，避免孩子玩此类网游。再如"抵制沉溺网游倡议书""抵制不健康网络游戏在行动"，可见民间对恶性网游的抵制早已开始。

二、反向应用网游沉溺机制来确定沉浸软件研发和审定国家标准

如果仅仅从网游沉溺的外部因素进行纠正，就不能从根本上全面解决网游沉溺问题。要想从根本上解决网游沉溺问题，必须通过网游本身机制的修改来实现。

国家部委层面应对网游沉溺而出台的网游防沉迷系统，其实质正是通过修改网游内部机制来防止网游沉溺的发生，这个大的方向和思路是完全正确的。同时，网游防沉迷系统的玩家实名验证工作其实就是从网游沉溺的外部因素入手进行纠正。国家层面已经意识到了网游沉溺现象的本质原因在于网游和用户的交互，因此分别从网游方面和玩家方面进行网游防沉迷的纠正。在网游方面，主要对时长收益机制进行修改，加入了现实对未成年人身心健康的防护机制。在玩家方面，设置年龄准入机制。前面已经说过，尽管使用年龄不一定精准，但是从面上讲，通过本研究报告的案例研究得知，大部分网游沉溺引发社会后果的孩子的平均年龄仅为16岁，因此对未成年人进行保护是有一定道理的，如果精准防护的话，关键在玩之前要分析玩家的自知力、自控力和淡定力，这就需要心理测量了。

对于家人拉不动玩家的情况，可以考虑在网游中加入家人通知离场机制。如果直接离场，则挂起所有操作，玩者网游中的财富技能不受任何影响。第一次不离场，则直接扣减玩者体力、血量或技能值。以后多次不离场，次数越多，扣减值越高，直到降级、回至原点。家人通知离场机制可以考虑由家人持身份证和户口收费办理。网游沉溺机制与网游控制机制是相对存在的，为了避免网游沉溺过分吸钱而提出的网游控制机制可能会为自私厂商所拒绝，因此这个控制机制应该设立在第三方，比如网游研究所。网游研究所每年公布受管控的网游名单，不受管控的网游可以考虑在网吧限制使用。本研究的另外一个想法是，让家人也成为孩子有求之人，就是除了家人通知离场机制

外，还要给予家长特权，家长认为孩子能够很好地控制自己避免网游沉溺的话，可以让家长直接为孩子增加家庭和谐分，同时学校教师也可以根据孩子的表现给出学校和谐分，这样的话，将家长和学校教师拉入网游，成为玩家成长的一个重要砝码，促使孩子合理安排，均衡生活、学习和游戏。

在实践中，可以调查下因网游而发生的重大伤亡事件是哪款网游导致的，为各个网游建立相应的伤亡库并公布出来，作为家长和学生老师防范孩子网游沉溺的指导文件。

从理论上讲，网游沉溺机制的理想纠正是完全没有问题的，只要根据网游沉溺十大机制特点提出相应的控制机制即可。网游沉溺机制是网游厂商针对人的弱性和需求特点设计的，它只有一个目的，即增加对玩家的吸引力。从网游十大沉溺机制这个根本客观原因入手制定相应的对策，如配角实名对策、场景固定对策、宿命定级对策、单独个体对策、不战闭交对策、惩罚剥夺对策、财时平行对策、新老不吸对策、随意潜规对策、锁死固定对策，则可彻底改变网游沉溺的情况。但这些彻底改变网游沉溺机制的对策，在解决网游沉溺问题的同时也使得网游玩家大量减少。这是厂商和广大游戏玩家所不能接受的。但借鉴网游沉溺机制来解决相关问题却是一个让人耳目一新的思路，如网游不但可以用来治疗毒瘾，甚至有可能用它来治愈部分精神病。再如，可以将网游沉溺机制借鉴到教育领域探求学生厌学的原因，将学生厌学的机制加入网游中，从而彻底解决学生厌学问题。

第五章　网游沉溺机制研究结论与展望

本研究提出了网游沉溺机制的概念。与以往研究沉溺者心理特征的视角不同，本研究从网游客体本身视角出发，调研了多种典型网游，并以个案体验式研究方式，经过多年的分析和总结、体验和思考，终于提出了网游沉溺的十大机制理论，包括主角虚拟机制、场景转换机制、升级冷却机制、公会团队机制、战斗交际机制、奖励悬赏机制、财时交换机制、新老融入机制、公平透明机制和开放发展机制。

网游沉溺机制是一个中性的客观存在，具体存在于网游本身载体之中，其实质是网游和玩家的交互机制，所以也可称为网游交互机制。只不过为了强调网游可能会带来的沉溺后果，才称之为网游沉溺机制。本研究分析了网游沉溺机制的运行过程及其条件，辅以心理解释，揭开了网游让人沉溺而导致无法摆脱的客观原因，从而为彻底破解网游沉溺、减少危害提供了有益思考，也为彻底破解学生厌学问题提供了思路——借鉴网游交互机制，将之迁移到教育学习领域，完善学习动机激发机制。

本研究系统地概括了网游特点，并将十大网游沉溺机制与大学生心理特点结合，通过分析和数据验证，提出网游沉溺机制的学习借鉴策略，将网络游戏的特征延伸至学习，使学生充分享受大学学习生活。通过问卷调查对大学生开始玩网游、喜欢网游以及在大学期间曾经遇到的问题进行调查，充分分析了大学生在走向成熟的过程中存在安全、尊重及自我实现等各种心理需求，而这些心理需求在网络游戏中都能得到充分满足。通过对大学生期望的教育方式进行调查，可以发现大学生对网游沉溺机制的学习借鉴策略有很好的预期。在问卷设计和数据收集中，由于课题组认识有限以及被调查者的合作态度不同，即使将明显的无效问卷剔除，仍然不能保证问卷数据100%的有效性。此外，利用网络进行问卷调查，样本的全面性和典型性有待提高，同时对数据的分析有待深层次挖掘。

世界各地、各个不同的文化的神话故事在网游中都有普遍存在的原型。网游是一个鼓励创新的行业，一切都在变化之中。这个行业无论从技术上还是文化上都可能引领未来的潮流。一方面，传统的技艺在这里能够焕发新春。

它需要大量的计算机、数学、绘画、雕塑等各行各业的人才。另一方面，它对创新提出了前所未有的挑战：如何从简单的规则中演化出无穷的复杂性？游戏的规则必须一学就会，但结局却要高度依赖于玩家的互动，一千个玩家要有一千种不同的玩法和结果。如何从无到有地创造出整个世界？看看《阿凡达》《星际迷航》，你就能感受到，现在的娱乐业要求的创新不是灵光一现、以机智取巧，而是要有深厚的底蕴、恢宏的气势。

最后，本课题组认为，有效地降低网游沉溺现象的发生，促进网游的健康持续发展，将是网游创新未来的发展趋势。如果能够将网游沉溺机制有效地借鉴到其他领域如教育系统中，增强教育学习动机激发机制，就能彻底解决学生厌学现象。这将是本研究下一步研究的具体方向。网游沉溺机制其实不仅仅可以用于教育领域，还可以用于企业解决干劲问题，用于软件解决用户忠实度问题……网游沉溺机制的实质是一种创新管理机制，核心在于动机激发系统，其在不同领域的运用必将极大激发该领域的创新活力。

附录1：网游案件集

案例1　BTV访谈节目：青少年沉迷网络游戏致恶性事件频发

在吸引力探讨方面，BTV访谈节目邀请了一位多年从事刑侦工作的警察暨网脉工程宣扬大使——王大伟。

关于网瘾的界定，王大伟认为有六条诊断依据。第一，每天除了吃饭睡觉就是上网，有心理依赖倾向，这是症状学的。第二，上网就高兴快乐，上网就兴奋得手舞足蹈，在网上交朋友觉得很开心；下网以后好像心里被掏空了，急躁，想打架、砸东西，有暴力倾向。第三，上网的时间越来越长，明知道上网不好，但还要去上。第四，把上网当成发泄不良情绪的唯一途径，现实生活中什么朋友都不要了。第五，每天六个小时以上的非工作学习目的的上网，持续三个月。第六，社会功能受到影响，社会功能包括人际交往、工作学习。以上六条都具备了，就可以诊断其为网络成瘾。

除了网游之外，王大伟认为还有四类父母的孩子易网络成瘾：①离异的；②疏忽对自己孩子管理的；③吵架的；④本身就有网瘾的。这四类家庭的孩子容易走上网瘾的道路。此外，学习成绩差一点的、经常逃学的、在学校里人际关系差的孩子也容易成网瘾，网瘾反过来又使他们学习成绩更差。总之，多因素导致网络成瘾，千万不要机械地认定某一原因，而是要综合考虑。

节目提到，德国网瘾诊所的治疗手段主要有以下三种：一是艺术疗法，如绘画、舞台剧、合唱等；二是运动疗法，如游泳、骑马、静坐、按摩、蒸汽浴等；三是自然疗法，如种花、种菜、自己动手洗衣做饭等，接触大自然以帮助孩子们远离"旧环境"，引导他们改变自己的生活。诊所的很多课程都需要家长参与，让孩子知道自己并不孤单，同时让父母学会如何与孩子建立沟通。这一治疗手段值得借鉴。

案例2　网游沉溺——学子休学不分昼夜玩9个月

看着儿子从哈尔滨工业大学休学、不分昼夜地玩了9个月游戏之后，父亲不得已用"陪他旅游"的谎言把他骗到北京。现在儿子说出："如果让我去审核游戏，没有一款能够通过。它造成的伤害实在太大了。"作为3.6亿网络游戏用户之一，郭海林算得上是"资深玩家"，《超级机器人》《CF》《DOTA》《英雄联盟》《CS》……这些游戏无一不让他沉醉其中。高二时，17岁的郭海林好奇心作祟，第一次进入网吧，点开一款叫《使命召唤》的游戏。郭海林一直玩到了第二天凌晨5点才回到家。到了高三，以前偶尔的通宵游戏变得更加频繁，郭海林的名次也从班级前三名滑到了十几名。但是凭借良好的基础，最后高考时，他还是以660多分的成绩考上了哈尔滨工业大学。

高考结束后的几个月，郭海林埋头于一款叫《超级机器人》的游戏，玩的时间越长、越熟练，也越有快感，而父母抱着让他放松的心态也没有多加干涉。上了大学，学习压力较小，也有了更多空余时间。同寝室的同学待在床上对着电脑里的世界砍杀，除了上厕所的时间都在玩游戏，郭海林也更加肆无忌惮起来。最夸张的一次，他十五天没迈出网吧的门，玩累了就趴在桌上睡会儿，睡醒了就继续玩。甚至为了免费上网，他还打起了当网管的心思。

"《龙之谷》玩到35级觉得没意思就不玩了，玩《CF》也觉得没意思了，后来玩《英雄联盟》，剑圣这个角色玩了300把，匹配打了3 000把，我的段位是白金5。"后来郭海林成绩一落千丈，无奈的父亲费尽心思帮他办了休学。为了郭海林的事，郭爸爸操碎了心思。他试过拔掉网线把电脑送别人，也试过规定孩子每天打一小时篮球、玩三小时游戏，甚至让他放肆玩了9个月，然而所有尝试的结果都同样让他倍感无力。郭爸爸说："他做其他事儿没有一点精力，他把自己都丧失了。"在郭爸爸眼中，网络游戏就是盗取青少年灵魂的恶魔，也是让自己的儿子从一个高才生变为网瘾青少年的罪魁祸首。

同样是网瘾青少年的家长，王诺的爸爸连用两个"混蛋"来表达自己的不满。从孩子开始频繁去网吧后，一直都是王爸爸一家挨着一家去找。"每次去网吧，里边都有特别小、只有七八岁的孩子在那儿玩。这不能叫监管不严，是根本就没有监管！"

在王爸爸看来，频繁地进网吧是王诺网络成瘾的源泉，发展到如此严重的地步，他和王妈妈也有不可推卸的责任。但在事发之后，同郭爸爸一样，他最大的感觉是"无助"。

案例3 网游沉溺——北京女孩玩网游透支6.8万元，获刑4年

22岁的北京女孩小丽，为了买虚拟的设备，透支信用卡6.8万元，又无力偿还，最终被判处了有期徒刑4年。近一段时间以来，关于青少年沉溺于网络游戏而引发悲剧的事情时有发生，而且网瘾这个词，也越来越引起了全社会的关注。

截至2008年底，我国22岁以下网络游戏用户已接近3 000万人，网络游戏在中小学生互联网应用中排第三。庞大的群体、频发的恶性事件揪着千家万户的心。

案例 4　网游沉溺——天津少年因母抱怨玩游戏铁棍击杀母亲

2019年2月11日，新学期开学前一天，天津一名15岁少年因为几乎一整天都在电脑边玩游戏被母亲抱怨后，用铁棍猛击母亲头部，致母亲死亡。

案例 5　网游沉溺——苏州少年因父母批评沉溺网络跳楼身亡

2009年6月，苏州一名16岁少年因沉迷网络被父母批评后跳楼身亡。

案例 6　网游沉溺——成都少年因外婆批评沉溺将老人杀害

2008年2月，成都15岁少年因沉迷网络游戏经常被外婆批评而将老人杀害。

案例 7　网游沉溺——广州少年因父母劝阻沉溺残忍杀母砍父

2007年6月，广州一名15岁少年因不满父母对其沉迷上网劝阻，残忍杀害母亲、砍伤父亲。

案例 8　网游沉溺——甘肃青年因父母责骂上网，杀害父母后继续上网

2006年3月，甘肃省青年许福斌因不满父母对其上网的责骂，将父母杀害，而后从父亲身上搜得现金27元，继续回网吧上网。

案例 9　网游沉溺——某采访孩子7天7夜不吃不喝不睡玩网游

北京电视台访谈节目中的法制记者刘明银说道："我近两三年以来，一对一追踪过孩子，大概有一百个，群体一起拍摄有上千人。我采访到的一个孩子，他自己跟我说，7天7夜不吃不喝不睡，两只眼睛一直盯在屏幕上，那么这种情况，对于一个青少年来说，他身体承受不了，所以我采访到了许多个在电脑前猝死的案例，就是正在看着电脑屏幕突然心脏停止跳动了，休克，这是比较极端的。"

案例 10　网游沉溺——女孩因上网刺杀母亲后平淡与父亲共餐

一个女孩以用电脑为借口将其母亲赶出房间。当其母回来试图阻止女孩沉迷网游时，女孩说她的电脑出了一个事故，让母亲靠近电脑。在母亲查看电脑的时候，她掏出一把刀，当场把母亲刺死。刺死母亲之后，女孩把母亲的尸体处理一下，心平气和地和父亲一块儿吃完了饭。从饭店出来回家的路上，她语气平淡地告诉父亲，她杀死了母亲。

案例11　网游沉溺——东北网恋女孩追父打母

法制记者刘明银在北京电视台访谈时说道："在我采访到的，如果不是亲眼所见，不可相信的事情很多。比如有一个东北的女孩，她网瘾的状况不是很严重。她自己觉得上大学以后感情没有寄托，在网上认识一个男朋友，后来见面，同居，她父母觉得不行，要把她叫回来。她父母就有些暴力倾向，女儿出现网恋之后，也用同样的暴力倾向来对待她的父母。后来这个女孩在去一家医院治疗的时候，我拍到了，在治疗的现场，这个女孩追着她父母打。在她父母送去医院的路上，一路她跟她爸她妈就是格斗，抓咬她爸的脸，我当时看到，不明白怎么回事。后来她爸讲，女儿咬的，然后医生想劝她留下来治疗，这个女孩当场七八个耳光，那是在夜里，那个声音我都录得非常清脆。"

案例12　网游沉溺——男孩网游花光爷爷卖粮食钱并打骂老人

北京电视台访谈节目提到一个14岁的男孩，爸爸去服刑了，妈妈离异了，男孩跟着爷爷。爷爷是一个农民，有一次一年的粮食卖了400块钱，知道他孙子上网成瘾，便把钱藏在家里。最后孙子找到了，把400块钱全部拿走，几天就花得干干净净。爷爷到网吧里面把他孙子揪出来，两个人对打、抡拳头，男孩说他爷爷"你这头老驴"。

案例13　网游沉溺——女孩因父亲管其上网欲跳江与父亲对打

北京电视台访谈节目提到一个女孩，在她初中毕业后，她爸爸在长江一带卖菜，把她带去了。她爸辛辛苦苦卖菜做生意卖的钱，到晚上她就拿走上网去了，吃喝甚至睡觉都在网吧里。她爸爸找她无数次，她觉得很烦，说不活了，要去跳长江。实际上没敢跳。

案例14　网游沉溺——男孩网瘾又犯因父母送医自刎

北京电视台访谈节目提到过一个孩子，他曾经治疗过一次网瘾，但没有彻底治好，回家了又去上网，网瘾又犯了。父母在送他去医院的路上，这孩子早就准备好了一把刀子，他研究过20多种自杀的方法，最后选择了在路上割喉咙。大人正在开着车，一瞬间没注意到，他就拔出刀子自杀了。幸亏最终被他父母发现，伤口再深一点，当场就没命了。

案例 15　网游沉溺——天津孩子在现实中模拟网游场景跳楼死亡

从 24 层楼跳下的 13 岁天津少年叫张孝义。他家住 20 层，21 层是顶层。他每天都往下走，但是有一天这孩子背上书包以后按了电梯顶层，顶层有监控器，把这个孩子在下电梯的瞬间拍下来了：他犹豫了一下，然后来到了天台。天台霞光万道，他想象着魔兽世界里的那个情景，感觉只要往下一跳，就有天使过来把他带走，于是他就跳下去了，酿成了悲剧。

案例 16　网游沉溺——韩国青年连续玩游戏 50 小时后死于心脏衰竭

韩国曾有一位年轻人在网吧里连续玩《星际争霸》游戏 50 个小时后死于心脏衰竭。

案例 17　网游沉溺——国外某少年每天早 9 点玩到第二天凌晨被送治疗

21 岁的蒂姆是位曾经的网络游戏迷。现在，在谈到游戏给他的生活带来的影响时，蒂姆说，自己曾经每天早上 9 点起床就开始玩游戏，中午休息一会儿，然后一直玩到第二天凌晨，天天如此。最后，他的父母不得不送他去接受治疗。

案例 18　网游沉溺——花季女生沉迷网游只为报复妈妈

19 岁的大一女生小晴说，她沉迷于网络游戏的原因就是上初二时受到妈妈言语的刺激，为了报复自己的妈妈，她开始沉溺网游。

案例 19　网游沉溺——哈市男孩因上网挨父亲打离家出走一周

因上网挨了父亲的打，14 岁男孩田田离家出走 7 天后，5 月 13 日终于在哈尔滨市公安局香坊分局火车站派出所见到了自己的父亲。田田告诉记者，他十分喜欢上网，离家的这几天，他一直在网吧里玩网络游戏。在虚拟的世界里他可以率领别人攻城夺地，几乎可以为所欲为。而在现实的世界里，他不得不接受父母和老师的管束。据田田的父亲张先生讲，田田平日里经常沉湎于网络游戏，不能自拔，甚至把父母给他的午饭钱拿去上网，还经常夜不归宿，家人为此十分担心。一个星期以前，田田又去上网，两夜未归。张先生几乎走遍了香坊区所有的网吧寻找儿子，终于在香坊大街某网吧内找到了儿子。愤怒的张先生不顾旁人的围观，便打了儿子一顿。可让他万万没有想到的是，儿子竟然会因此而离家出走一个星期，张先生对此事也感到后悔。

案例20　网游沉溺——妈妈不愿儿子沉溺男孩离家半月不见踪迹

小宇，一个勤奋好学、与母亲相依为命的乖孩子，如今流浪街头，生死未卜。慈母登报写信，血泪控诉。这究竟是谁之过？

儿子：

你好！妈妈的希望之光要消失了！

你有"孤独"的感觉吗？妈妈有！妈妈很怕孤独！在这漫漫长夜里，妈妈一个人辗转反侧，那种思念儿子的心情，那种焦虑和痛苦，那种在这寂静而可怕的夜里，睁着眼睛、掉着眼泪、忍受着失眠煎熬的滋味和情景，你是体会不到的。我们相依为命13年多的生活突然由于你的离去而改变，妈妈心灵深处那一丝希望的光也几乎马上要消失了！

妈妈是哭着在凌晨3点给你写这些的。妈妈太希望你快乐了，正因为妈妈希望你将来能有长久而稳定的快乐，才不愿意让你沉迷于网络游戏。

我知道你是一个聪明的孩子，你应该有一个更好的前程。放纵你、让你沉溺于游戏就是害你呀！儿子，你现在不懂，而妈妈看你玩得高兴的样子心里着急啊！玩游戏越上瘾，你对其他的人和事越发不感兴趣，而你只知道这单调游戏的虚拟的事情，更广阔更丰富更深层的思想你不知道。

作为家长，将你引上正确的道路是我的责任，妈妈爱你！妈妈并不是完全禁止你玩游戏，而是希望你有所节制。人的精力有限，要在有限的时光里用有限的精力做正经事，才能给你带来收益和好处。

孩子，妈妈想你，你难道不想妈妈吗？妈妈骂你、打你、关你、批评你，这都是因为妈妈太爱你，太想让你成才啊！你在外面要是有个三长两短，妈妈可真的没有依靠了。你明白吗？

这个周末是你的生日，妈妈为你做一顿丰盛的晚餐，你快回来吧……

爱你的妈妈

这已经是她流着眼泪给儿子写下的第三封信了，一向离不开妈妈的小宇已经离家半个月了，小宇妈妈的心都快碎了。

案例21　网游治疗——父母努力和医疗机构一起戒除了某少年网瘾

一个孩子曾经在16岁的时候染上了网瘾，最严重的时候，几天几夜不睡觉，网上打游戏，白天睡大觉，去不了学校，最后休学了一年。后来，在父母的不懈努力和医疗机构的帮助之下，孩子终于戒除了网瘾，开始了正常的生活。

案例 22　网游治疗——综合治理：父母跟孩子谈话 15 年最后成功了

北京电视台访谈节目提到网游综合治理："我认识一个人，跟孩子谈了 15 年话，妈妈把工作扔了，最后成功把孩子挽救回来了。全家放弃了一切，就是跟他谈话，谈了 15 年，就这么天天跟他谈。"

案例 23　网游沉溺——清明节母亲从网吧拽出儿子后母子相继投江

4 月 4 日清明小长假开始，就读于广元市实验中学的 16 岁明明（化名）放学后并没有回家。当晚 10 时许，妈妈在网吧里找到他，两人发生口角。母亲哭喊着："你上网我管不好你了，那我就去死。"这位悲愤的母亲投入嘉陵江，试图唤醒沉迷网络的儿子。悲剧并没有停止！父亲赶到河边怒踢儿子，这名 16 岁的少年也随即投江失踪。其父亲见此情景也冲向江中，哭喊着："我也不活了，我也去陪你们。"最终被岸上其他民警用力按住。父亲说："我是农民，没得文化，也不会上网，只晓得儿子爱打一款叫《英雄联盟》的游戏。"

案例 24　网游沉溺——合肥警方公布沉迷网游练胆杀人事件案情

9 月 11 日 6 时许，合肥警方接到群众报警称，滨湖新区洞庭湖路某小区发生火灾，怀疑有一对老夫妻被困在屋内。接到报警后，辖区民警和消防部门立即赶到现场展开救援。消防官兵将火扑灭后发现，居住在此的两名老人已经死亡，其中一人身上有多处刀伤。经警方现场勘查认定，二人系他杀。

民警经过现场勘查，发现被害人家中房屋门锁完好。在卧室里，民警发现了一个笔记本，在笔记本第一页上画着一个特殊图案，并歪歪扭扭地写着"绝杀、修罗、摩羯"等字样。

据办案民警介绍，犯罪嫌疑人吴某某长期沉迷于网络游戏不能自拔，案发现场留下的"修罗"等文字就是他在网络游戏中为自己起的名字。由于沉迷于网游，久而久之，形成了暴力、冲动的个性，甚至产生了效仿游戏中杀人的想法，以满足自己的成就感。一次偶然的机会，吴某某和李某某通过网络认识，并相约在合肥杀人"练胆""找刺激"。他们来到位于洞庭湖路的案发小区，确定好作案目标后攀爬至受害人家的南阳台进入室内，用随身携带的匕首残忍地刺死两名老人。随后，两名犯罪嫌疑人开始在现场翻找钱物、看电视、睡觉。4 个多小时后，两人用酒精作为助燃物，纵火焚尸后逃离现场。

案例 25　网游沉溺——现实生活中演绎网络游戏仇杀

2005 年 6 月 16 日，在现实生活中演绎网络游戏仇杀的阮某被推上市一中院被告席。他表示，痴迷游戏让他混淆了网络和现实，以至于酿成大祸。

阮某擅长玩《传奇》网络游戏。2005年1月14日凌晨2时许，他在江北区大石坝的"天使"网吧鏖战时，17岁的涂俊在不远处的"远月亮"网吧玩《传奇》，两人成了对手。几个回合下来，涂俊被打得一败涂地，武器装备被抢。两人在网上吵了起来。涂俊找到阮某所在的网吧，没说几句，两人就抓扯起来。涂俊人高马大，几下就把阮某掀到了一边。阮某觉得很没面子，回家找了一把折叠刀，叫上兄弟周某、邓某和段某赶到"远月亮"网吧，提刀朝涂俊连刺数刀。涂俊挣扎着跑出网吧，在门厅外又被刺了一刀。直到看见他倒地，阮某才逃跑。后经法医鉴定，涂俊为肺动脉破裂，双肺脏破裂失血性休克死亡。第二天，阮某在家人的陪同下到警方自首。在法庭上，阮某说自己一时冲动，分不清游戏和现实才酿成大祸，感到十分后悔。涂俊的家人则向他提出30多万元的赔偿，并要求阮某的3个兄弟承担连带赔偿责任。

案例26　网游沉溺——温州网络游戏杀人事件调查

浙江温州的黄志发卖过服装，开过出租，干过不少行当，后来开始玩网络游戏。玩家可以在网络里创建操纵一个游戏角色，黄志发在游戏里创建的角色是一个武士。黄志发操纵的武士武艺高强，在游戏里东征西讨，杀妖斩怪，变得越来越强大，现实生活中不得志的黄志发在网络游戏里得到了很大的满足。但在游戏里犯的一个错误成为他日后杀人的主要原因。黄志发说："我在打怪物的时候有个人过来了，怪物打死的时候身上有东西掉下来，那个法师想占这个便宜，她过来抢，我过去两刀把她打死了。她就要找我麻烦。"

杀与被杀原本只是虚拟世界里的故事，但这个结果却让这个法师的操纵者接受不了。她实际的身份是个福建女孩，在自己的游戏角色被黄志发的武士杀害后，她把这事告诉了自己的男朋友小禹，巧的是这个人和黄志发在同一个城市。他常去黄志发玩网络游戏的那家网吧，玩的也是同一种游戏。

小禹说："她说，她的角色被杀了，那东西召过来蛮珍贵的，她被杀了就很难活，结果被黄志发杀掉，她就打电话给我，很生气嘛。"

小禹听了女朋友打来的电话，决定为女朋友讨个说法。小禹说："那就过去问他，他不承认，就打起来了。"

这就是两人因为网络游戏在现实生活中发生的第一次冲突。不久之后，两个人又在游戏中狭路相逢了，两人用游戏中的角色在虚拟世界里进行了一次打斗。这场网络上的争斗之后，在游戏网吧里，游戏里的两个对手再次遇见时，严重的冲突终于爆发了。小禹说："他就拿一把刀捅了过来，他先捅我的，我被捅了一刀就什么都不记得了，晕过去了。"

温州市法官认为:"我觉得主要原因是在现实生活当中的这个人的法制观念、克制力、意志力不强。如果是意志力不强的人、克制力差的人或法制观念不强的人,别说是网上,网下都一样,都会发生这些刑事案件。"

这个案件案情并不复杂,但起因的确令人深思。玩家众多、形形色色的网络游戏到底会对人的行为产生什么影响,这个影响到底有多大,它当中存在的暴力因素是不是能够成为犯罪的诱因?

案例27 网游沉溺——央视东方时空曝光《摩尔庄园》使儿童沉迷事件

央视新闻频道《东方时空》栏目曝光了《摩尔庄园》儿童网络游戏令儿童沉迷的事件,并呼吁家长适当控制孩子的上网时间,鼓励孩子多参与户外活动,减少对网络游戏的依赖性。以下为其节目文字实录:

最近福建泉州的一位市民为孩子的事发起了愁,网上一款名叫做《摩尔庄园》的儿童网络游戏让女儿沉迷其中。李女士上小学五年级的女儿不知道什么时候玩上了一个叫作《摩尔庄园》的游戏,而且还经常花钱购买这个游戏的充值点卡。

记者:你们班里有很多人在玩吗?

孩子:大部分人吧,我有一个朋友也玩的。

在《摩尔庄园》官网上记者了解到,这是一款为7~12岁的儿童设计的网络游戏,孩子注册后可以获得一个角色,尽情地装扮自己、玩游戏、交朋友,但如果要升级,比如饲养高级宠物的话,就需要花钱买充值点卡了。

家长:大部分家长都没想到小孩子把钱拿去买这个,如果知道的话,肯定没有一个家长愿意。

有关专家表示,适度的网络活动有利于激发孩子的想象力,但如果过度沉迷于网游中,用它来代替课余活动,不利于孩子健康成长。家长应该适当控制孩子的上网时间,鼓励孩子多参与户外活动,减少对网络游戏的依赖性。

案例28 网游沉溺——城管科长沉迷网游花超1 500万元,因贪污受贿获刑

常州武进区城管局户外广告管理科原科长丁某,在短短4年里,利用发放户外广告设置许可证等职务便利,多次通过广告公司虚开业务发票、贪污、索贿等手段,疯狂敛财690余万元。然而,在网游界,他却是一个传奇人物,曾经两次拿过某知名网络游戏年度决赛的冠军,而他在网游上的花费也令人咋舌,两三年时间超过1 500万元。据反映,丁某上午几乎不到办公室,下午也难得看到人影。很多工作都通过他打电话指派来完成。丁某大部分时间都用来打游戏，在家通宵打游戏是家常便饭。据介绍，他在网游中花费的1 500万元只是在游戏上经官方交易花掉的钱，和别的玩家交易买装备的钱没办法统计。最终，丁某犯贪污罪、受贿罪被武进区法院一审判处有期徒刑18年，并处没收个人财产100万元。

案例29　网游沉溺——出国留学只会打游戏，70万元培养出一个"留学垃圾"

张新民在一家建筑公司工作，收入不错，妻子经营一家美容院，家庭经济情况还算充裕，一家人生活过得很舒适。唯一让他感到不满足的是，儿子张华在安逸的生活环境里养成了一些不良习惯，学习上总是马虎应付，成绩一直不好。

2002年，张新民决定让儿子到德国去留学。联系学校和出国手续等办理就绪，虽然费用十分昂贵，张新民夫妇还是咬紧牙关东借西凑，让儿子登上了前往德国的飞机。

高额费用几乎耗尽了他们一家的积蓄，原本相当宽裕的家庭不得不过起了省吃俭用的生活。夫妇俩考虑到国外的消费水平较高，怕儿子无法安心读书，总是尽力给儿子寄去足够的费用。夫妇俩一想到儿子在国外接受先进教育，摆在他面前的将是光明的前景，就觉得不管怎样辛苦都值得。

到2004年7月，儿子留学已经花费了人民币70余万元。然而，他们万万没有想到，70万元换来的竟然是一个只会玩网络游戏的"留学垃圾"。

2002年，张华在机场挥别家人飞到了德国。临走前父母期待的眼光和万千的叮嘱都让他深深感到自己担负着沉甸甸的期望。他暗下决心，一定要好好学习，绝不辜负父母的厚望。

张华刚开始确实花了相当大的力气认真读书。然而，问题很快出现了。他在国内学的是英语，出国前曾请人突击补了一段时间德语，但是基本的听写和阅读能力都还没有过关。现在突然来到德国，连与人交流都十分困难，更不用说听那些用德语讲授的课程。

语言成为他学习和交流不可逾越的障碍。刚开始时，他还强迫自己努力补习德语，硬着头皮将课上下来。可支撑了两个多月，似乎没有产生什么效果，每次听课时还是一头雾水。

他越学越没兴趣，干脆不再去上课，而是整天躲在临时租住的房里上网打游戏。在网上，他不再需要面对那么多无法把握的语言，也不用费神地去理解那些难懂的知识。网络这个虚拟世界让他感到轻松愉快。

他在网上逐渐认识了一群情况和他类似的"小留学生"。这帮孩子到国外以后都难以适应新的学习生活，大部分沉迷于网络游戏并长期逃课，慢慢聚集到了一起，整天在一起吃喝玩乐，还出现了相互攀比的不良风气。在没有钱挥霍的时候，他们就用各种借口向家里要钱或者四处打工挣钱，甚至有人为了满足挥霍的欲望而做出违法行为。而网络游戏就是这帮人最主要的消遣方式，他们经常一起约好逃课玩游戏。

案例30 网游保险——网游装备可投保，最高获赔3万元，相关立法仍空白

"民警同志，我被盗了，丢了一把攻击力500的青龙偃月刀！"这则网络段子虽令人哑然失笑，却也被视为对虚拟财产在中国维权难的讽刺。而记者2013年6月从腾讯和平安保险获悉，双方将联合"吃螃蟹"，破天荒地为游戏装备提供保险服务，提供最高3万元的理赔。作为国内首个面向个人客户的虚拟财产保险产品，各界关注如潮水般涌来。网游虚拟装备究竟如何估值？玩家是否容易骗保？是否需要向银保监会报批？业内人士向记者坦言，考虑到当下立法的空白和游戏运营商的免责协议，这条路恐怕并不好走。

腾讯17日证实，其已与平安产险合作，针对旗下某款新游戏推出了虚拟装备保险业务，目前已经有玩家前来投保。

由于立法的空白，对网游虚拟装备的投保，无论游戏运营商还是保险公司，目前仍处在摸着石头过河的阶段。"目前无论是物权法、刑法还是民法通则，均没有承认虚拟财产的地位，这让相关的维权事宜变得很尴尬。"业内知名IT律师赵占领对记者说。

"法律连'虚拟财产究竟是不是财产'都还没明确，更别谈其保护和继承之说了。"赵占领说，"在过去几年间，对虚拟财产进行投保的民间呼声不绝于耳，但落地却一直很难。就比如说游戏装备，就算被偷，对方连盗窃罪都没法定罪，因为他偷的根本不是财产。"

案例31 网游沉溺专访——陶宏开专家称网游的危害是毒品的10倍

"防治青少年网瘾，促进身心健康"科普报告会于2008年3月22日在郑州科技馆举行，陶宏开教授在会上说："沉迷网游3年，智商将下降10%，也就是说，智力90的正常孩子玩网游3年，就会变成弱智。"

陶宏开此言一出，引来争议无数。有人称赞，也有人斥为胡说。《中国青年报》专访了陶宏开，走近这位处于舆论漩涡中的争议人物。

记者：网瘾都是由网络游戏引发的吗？

陶宏开：可以说不良的网络游戏就是精神毒品，已经有数据和案例证明网络游戏甚至可能引发犯罪。我国中部一个省的少管所1 000多名18岁以下少年犯，60%都是因为网瘾引发的犯罪，最小的只有13岁，因为向奶奶要钱上网，未遂后杀了奶奶。

记者：有人认为可以在网络游戏中加入教育因素，寓教于乐，您认为可行吗？

陶宏开：我本人不同意这种观点。我们有千万个理由把这个国家建成文化大国，但没有半个理由建成一个游戏大国。虚拟的东西无法代替生活，青少年要在现实中成长，不可能在游戏中成长。

记者：去年很多软件公司都转向经营网络游戏，一些大的网络游戏公司也纷纷上市，你怎么看这种现象？

陶宏开：这是很悲哀的现象，电脑网络是很伟大的发明之一，为什么变成游戏机？我们应该把孩子引向信息时代而不是游戏时代。网络游戏的危害十倍于毒品，不良网络游戏的快速发展应该受到指责。

记者：你曾说要取消网络游戏，但是网络游戏支持者认为网络游戏产业解决了一大批人的就业问题，也创造了GDP，你怎么看？

陶宏开：我指的是要取消那些不健康的网络游戏。一个企业要不要发展，就看它对社会的发展利大于弊还是弊大于利。如果网络游戏产业给社会带来太多的负面效应，即便创造了很多税收，对社会也是没有价值的。

记者："玩网络游戏三年，智商下降10%"这个说法有根据吗？

陶宏开：这是别人的研究，不是我自己瞎想的。另外，我有大量实践观察。长期玩网络游戏，在网吧里经常饥一餐、饱一餐，方便面矿泉水就对付一天，生物钟颠倒，体质下降，思维能力单一化，只有玩网络游戏的时候很振奋，其他时候都萎靡不振，这样的生活方式会健康吗？一句话，在虚拟社会里生龙活虎，现实生活中半死不活。10%是个概括的说法，但智商下降是个普遍现象。更严重的是，大量调查表明，网瘾戒了，但还是没法完全集中精力，网瘾也有后遗症。

记者：有人质疑你办戒网瘾班是为了高额收费，反对网络游戏是出于利益，你怎么看？

陶宏开：我从来不以赚钱为目的，我在全国巡游，不是为了赚几个钱，而是希望能帮一些青少年戒掉网瘾。不良网游毒害了青少年，才有我戒网瘾第一人陶宏开的一夜成名，这是一个悲剧。

案例32　母亲的眼泪与跪拜——网游对青少年的侵害

记者：网络游戏对青少年的影响，越来越引起全社会的关注。据有关方面的统计，目前我国网络游戏用户为 2 000 多万，其中近 90% 为青少年，有 260 万是网络游戏成瘾少年，并且这个数字每年以 50% 的速度增加。这说明青少年成了网游的消费主体，但他们也是深受其害的群体。我在网上搜索了一下，像"17 岁少年沉迷于网络游戏，亲手杀死奶奶""小学生网吧里狂打游戏，还要提刀砍亲娘""沉迷网络游戏不能自拔，昔日学习尖子服毒身亡"等报道，直逼耳目，触目惊心！在你所著的《网络游戏忧思录》一书中也有大量这方面事例的讲述。那么，你如何看待这一社会问题和现象？

张春良：近些年来，一些网络游戏造成了许多涉世不深的花季少年深陷血雨腥风、光怪陆离的虚拟世界而不能自拔。相关资料表明，2001 年与网络有关的犯罪占总犯罪率的 0.6%，2002 年增加到 7%，2003 年达到 13%，2004 年升至 21%。关于网络游戏引发的未成年人犯罪，我个人收集了 700 多例，悲剧能够证明一切。前些天媒体又有报道，一名沉溺网络游戏虚拟世界的 13 岁男孩，选择一种特别造型告别了现实世界：站在天津市塘沽区海河外滩一栋 24 层高楼顶上，双臂平伸，双脚交叉成飞天姿势，纵身跃起，朝着东南方向的大海"飞"去，去追寻网络游戏中的那些英雄朋友，如大第安、泰兰德、复仇天神以及守望者……

我所关注的是，网络游戏对青少年的潜在侵害正被低估。我们不愿看到活生生的青少年受到网络游戏的侵害。更为重要的是，谁来拯救我们的孩子？谁来为这些受损害的家庭负责？

记者：据我所知，你主要从事"三农"及产权重组等事关改革与发展的重大问题的研究，是什么促使你关注和研究网络游戏对青少年影响的问题？

张春良：其实，网络游戏对青少年影响的问题事关重大。我对网络游戏进行思索和研究是因为母亲们的眼泪。远方老家的一个表弟曾是学校品学兼优的好学生，却因为沉溺网络游戏而最终荒废学业，高二便退了学，直到现在还每天 8 小时泡在网吧里玩《传奇》。阿姨每次来电话，都流着泪央求我帮助寻找一个解决办法。2004 年 9 月，我在一间网吧里目睹到这样一幕：一位年过半百的母亲满面愁容地进了网吧，走到儿子跟前。儿子正全神贯注地盯着电脑屏幕上刺激的网络游戏画面，嘴里不停地喊着"打死他！打死他！"，而对于母亲的到来毫无察觉。母亲见状，"扑通"一声跪倒在儿子面前："儿子，妈妈求你了，咱们上课去吧，妈妈都找你一个星期了……"说完号啕大哭，那哭声撕心裂肺，令人痛心疾首。

天下所有母亲的跪拜都是伟大的，但那位慈母的跪拜，我认为却是人类最大的悲哀。由此可见，网游不是一个"玩"字了得，它所负载的社会责任实在太沉重了。

案例33 来了你就跑不掉——网游的沉溺与控制性

记者：青少年关系着国家和民族的未来，这个群体的任何问题不能不引起我们每一个有责任感的人的关注和重视。说到网络游戏对青少年的危害，人们可以列出许多条来，如侵占青少年的时间、导致逃学、浪费他们的钱、损害他们的身心健康甚至诱发暴力和犯罪、降低道德水平和社会责任感等。但也有另一种看法认为，"网游"能开发相关的能力，发展出"不可置信的手、眼、脑的协调性"。对此，你是如何看待的？

张春良："网游"是一柄"双刃剑"，可以生产健康、欢乐，培养玩家团结协作的精神，但在"网游"世界，我们看到的是大量地传播暴力、色情、邪魔等有害文化。我认为，网络游戏使青少年上瘾的关键在于制造"网络成瘾"的现代传染病，即沉溺性。网络沉溺指的是上网者由于长时间和习惯性地沉浸在网络中，对电脑、电脑游戏、互联网以及整个网络世界的一切都产生了强烈的依赖，甚至达到痴迷的程度而难以摆脱的行为状态和心理状态。网络沉溺的实质就在于，作为网络行为主体的人丧失了行为活动的自主性，蜕变成为互联网的"奴仆"。网络游戏的沉溺性使青少年在行为上和心理上产生依赖感，自我约束和自我控制能力基本丧失，工作和生活的正常秩序出现紊乱。

记者：心理学家分析认为，网络游戏以其虚拟社会、模仿生活的方式消解了日常生活带来的压力，而且玩得好能够获得其他玩家的尊重以实现价值感。这恰好说明网络游戏具有控制性和去社会化的特点，它紧紧地控制着你，让你规避、脱离学校、家庭及社会的约束，脱离主流价值和文化的引导。美国学者约翰·菲斯克在《解读大众文化》一书中点到了要害："玩游戏时的那种身体的紧张状态产生了享乐的时刻，这也是规避意识形态控制的时刻。"

张春良：你说得很对。网络游戏为青少年创造了一个非常宽松的虚拟世界，在游戏中可随意杀人、放火、恋爱、结婚等，而不需承担任何后果。现实世界中，青少年的学习和谋生等压力越来越重，网络游戏成为宣泄压抑的地方。另一方面，这也暴露了当下教育的枯燥乏味，青少年厌学和反感，因而选择逃避现实，投奔虚幻。在当前的教育模式下，只有在游戏中没有人强迫你去做功课，这个环境对青少年很有吸引力。另外，青少年在网络游戏里能体验到许多极限感受，如可以目击血雨腥风的杀戮场景，发泄不快心理；可以过关斩将，感受崇拜者的眼光；可以和上千人同时边打边聊，交上一些天南地北的朋友。然而，玩家在产生极大的心理满足之后，面对现实则极有可能以极端的手段去满足自己的心理，从而造成悲剧。

记者：其实，网络游戏商最懂得其诱人的奥秘，一位业内人士就直言不讳地说："就怕你不来玩，来了你就跑不掉。"另一位网络游戏业霸主则认为，网络游戏是摆脱现实困惑的黏性很强的一个方式，用户可以在网上找到乐趣，他们就愿意付钱。对此，你怎么看？

张春良：网络游戏的特征是为玩家设计曲折的故事、精彩的画面、及时的聊天。网络游戏没有结尾，玩家需要一个级别一个级别地劈杀下去，而级别的高与低、装备的好与坏都让他们产生强烈的攀比和虚荣心理。为了达到更高的级别，就需要长时间地玩游戏，需要花钱去买装备。网络游戏经营商实质上就是给青少年销售沉溺，让他们无法自拔，而自己却财源滚滚来。这种近似鸦片效果的游戏对青少年学生具有极大的诱惑性。我走过全国各地的240家网吧，在我所到过的网吧里，真正上网浏览信息的人很少，绝大多数年轻人都在玩各种充满杀戮、格斗情节的网络游戏。一位网吧老板直言不讳地对我说："网吧不靠游戏支撑，根本活不下去。"上海一家游戏公司的设计人员曾经告诉我："不能让人上瘾的游戏就不是好游戏，游戏商就要追逐最大的经济效益，目标自然是让更多的人一玩上便欲罢不能。"

案例34　网游沉溺专访——北京师范大学沈绮云教授互联网网络游戏影响调研

（中国电子商务研究中心讯）2001年，北京师范大学的沈绮云教授带领一个课题组，开始对互联网网络游戏的影响进行调研。课题组在北京市9个区的中学生中间发放了600多份问卷，调查结果值得关注。

在被调查的人群当中，玩网络游戏的人数占到了24%，按照这个比例推算，北京市有近22万名中学生在玩网络游戏。在中学生玩得最多的13款游戏当中，排在第一位的就是警匪游戏——《反恐精英》，玩过这款游戏的人群居然高达86%。在被调查的中学生当中，认为自己因玩游戏而性情变得暴躁的占27%；认为玩游戏与校园暴力相关的达29%。课题组认为，网络上的暴力互动游戏会引发青少年的冲动。

这次调查算得上是我国第一次在未成年人中间进行网络游戏问题专项调查。

记者：你对网络游戏进行过调查，网络游戏的内容当中有暴力吗？

沈绮云：存在，大部分网络游戏存在暴力。

记者：你怎么样认定这个暴力呢？

沈绮云：对暴力是有一些界定的，主要是对双方的身体造成损害，就是一种恶意的攻击，那么一般就是打打杀杀。

记者：你刚才谈到的这种倾向对玩游戏的人有什么影响，你调查过吗？

沈绮云：你杀了对方，对方死了以后，他的财产你可以占有，对青少年的价值观有影响。还有就是因为青少年大量地接触这样一些游戏，游戏里的暴力会让他们觉得很平常，觉得打一个人、杀一个人无所谓。当他们在现实生活里头遇到一些问题需要去解决，他们往往马上就想到使用暴力来解决。

记者：网络游戏除了你刚才谈到的暴力问题，还有什么问题是你调查的重点？

沈绮云：玩网络游戏是一个消费行为，除了上网费之外，玩某款游戏的话还要买它的点卡，因为在游戏里面要不断地升级。一旦受到挫折，他就会存一些怨气，再加上分不清真实社会还是虚拟世界，容易产生一些过激的行为。

记者：据我了解，目前我国有不同的管理部门和严格的管理措施对网络游戏进行审核和管理，那为什么你的调查还会得出这样的结论呢？

沈绮云：网络游戏在我们国家运营的历史还是比较短的，总的说来我们的管理还是跟不上的。

记者：你刚才说到了审查，据我所知，从2003年之前对进口游戏的审查几乎是没有的，为什么会没有这种审查？

沈绮云：据我所知，网络上的一些文化产品的内容包括网络游戏的内容应该由文化部门来管，因为它属于文化产品。但是进口游戏又是一个出版物，出版物的审批权可能又属于新闻出版署，所以我觉得还牵扯到一个部门之间的协调。这个跟电影一样，我觉得对进口网络游戏的审查一定要明确由哪个部门来管，不能说多个部门在管，或者说都不管。

记者：我们对于网络游戏的管理最大的缺陷在哪呢？

沈绮云：对进口的游戏审查不严格，或者缺乏审查，还缺乏一个分级的管理，像美国、日本及韩国都有专门的机构来负责分级制度的制定与执行。

记者：那你的意思是不是说我们也可以借鉴国外这种对于网络游戏的分级管理制度？

沈绮云：这个我觉得很重要，尤其对家长。家长和社会包括经营这个游戏的一些商家要明确这一款游戏不适合什么人，便于他们在日常运作里进行引导和指导。现在因为我们没有分级制度，所以也无从指导。所以，我觉得应该尽快地组织人、组织单位制定标准。据我所知现在国内已经有一些单位都在制定一些分级的标准。

除了拿到第一手数据，沈绮云和她的课题组在调研报告中还提出建议，按照暴力恐怖度、色情度、意识导向度等5项指标把游戏分为3个暴力等级。游戏之内有游戏规则，游戏之外也同样需要规则。

附录 2：网游教育借鉴问卷

同学你好，网游沉溺机制研究课题组正在做一项关于网络游戏沉溺机制与学校教育的调研，希望能占用你两分钟时间帮忙填一下，非常感谢！

1. 你的性别：
○男　　　　　○女

2. 你的年级：
○大一　　　○大二　　　○大三　　　○大四

3. 你每次玩网游的时间为：
○≤1 小时　　○1~2 小时　　○2~4 小时　　○4~8 小时
○>8 小时

4. 网络游戏现状调查

	非常不同意	不同意	不清楚	基本同意	非常同意
网络游戏已成为生活中必不可少的一部分	○	○	○	○	○
无法控制自己不玩网游	○	○	○	○	○
网游对现在生活造成了一定的负面影响，想要改变现状	○	○	○	○	○

5. 你认为以下情况在你开始玩网游的原因中的重要性（1 至 5 程度依次加深）

	1	2	3	4	5
朋友推荐	○	○	○	○	○
身边人在玩，自己也想试试	○	○	○	○	○
不玩网游显得不合群	○	○	○	○	○
不玩网游被嘲笑落伍	○	○	○	○	○
网游广告各种炫酷技能的吸引	○	○	○	○	○

看了部根据网游改编的电视剧或小说开始接触该款网游	○	○	○	○	○
现实生活出现低谷，想要逃避	○	○	○	○	○
假期空闲时间太多，玩网游消遣	○	○	○	○	○
生活中休闲娱乐活动较少，玩网游休闲	○	○	○	○	○

6. 请给你喜欢网游的原因做一个评分（1 至 5 程度依次加深）

	1	2	3	4	5
网游可以转移现实生活中的压力	○	○	○	○	○
网络游戏中可乐观面对挫折失败	○	○	○	○	○
在网游中与他人的关系更融洽	○	○	○	○	○
签到奖励和任务奖励对我有很强的激励作用	○	○	○	○	○
过关升级很有成就感	○	○	○	○	○
等级比别人高时很有成就感	○	○	○	○	○
等级高装备好，会得到身边人的肯定	○	○	○	○	○
网游场景画面精美、音乐动听，且两者搭配和谐	○	○	○	○	○
网络游戏新鲜刺激，情节吸引人	○	○	○	○	○
我在网络游戏世界中很受欢迎	○	○	○	○	○
有严格公平的奖惩机制，付出与回报成正比	○	○	○	○	○
在网游中和他人合作让我有很强的归属感	○	○	○	○	○
在网游中结交了很多新朋友	○	○	○	○	○
我觉得在网游中更加被需要	○	○	○	○	○

	1	2	3	4	5
在网游中可以体验各种游戏角色	○	○	○	○	○
喜欢做与现实中不一样的自己	○	○	○	○	○

7. 在大学期间曾经遇到的问题：[多选题]
□ 没有学习动力，觉得自己在混日子
□ 不明白自己为什么选择这个专业
□ 朋友圈太小，经常有孤独感
□ 和身边朋友没有共同话题
□ 感觉自己很少被人需要或者重视
□ 感觉很少有人喜欢自己
□ 在社团工作中付出和回报不成正比
□ 在评优评奖方面遭到不公平对待
□ 对未来发展方向迷茫，没有明确职业生涯规划
□ 其他问题
　　　　　　　　　　　　　　　（请注明：_____）

8. 采取下列方式对摆脱网络游戏，将精力更多地转移到校园学习生活是否有帮助（1至5程度依次加深）

	1	2	3	4	5
增加奖学金和各种竞赛的奖励金额	○	○	○	○	○
增加奖学金和各种竞赛的知名度和社会认可度	○	○	○	○	○
改变理论"填鸭式"授课方法，增加实践教学（如进行市场调研）	○	○	○	○	○
提供更多社会实践的机会	○	○	○	○	○
有较广的社交面，经常参加社会活动	○	○	○	○	○
参加社会性服务，如志愿者活动	○	○	○	○	○
老师上课不再毫无新意地照本宣科	○	○	○	○	○

课堂纪律较好，师生互动频繁	○	○	○	○	○
进行宿舍文化建设，和舍友一起参加活动	○	○	○	○	○
经常和同学参加体育锻炼和活动	○	○	○	○	○
多组织参加班级活动，例如春游、秋游	○	○	○	○	○
社团活动新颖有趣，社团成员关系友好	○	○	○	○	○
有公平明确的评优和奖励制度，不让所有努力白费	○	○	○	○	○

9. 在开始玩网游的原因，喜欢网游的原因，以及将更多经历转移到现实生活的方式中，因能力有限，考虑不一定全面，希望你多多补充：

开始玩网游的原因：_____

喜欢网游的原因：_____

希望学校采取什么教育方式将学生的精力从网络游戏转移到校园学习生活：_____

_____

附录3：网游交互机制与高校教育结合点问卷调查

同学你好，网游交互机制研究课题组正在做一项关于网络游戏交互机制与高校教育的调研，希望能占用你两分钟时间帮忙填一下，非常感谢！

1. 你的性别：
A. 男　　　　　　B. 女
2. 你的年级：
A. 大一　　　　　B. 大二　　　　　C. 大三　　　　　D. 大四
3. 你玩网游的频率：
A. 经常　　　　　B. 有时　　　　　C. 很少　　　　　D. 不玩
4. 你每次玩网游的时间为：
A. ≤1 小时　　　B. ≤2 小时　　　C. ≤3 小时　　　D. >3 小时
依赖于第3题的 A、B、C 选项。
5. 你对网络游戏的态度是：
A. 生活必不可少　　　　　　　　B. 休闲娱乐的工具
C. 逃避现实的工具　　　　　　　D. 结交朋友的工具
E. 可有可无
依赖于第3题的 A、B、C 选项。
6. 你觉得网络游戏最吸引你的是（可多选）：
A. 签到奖励和任务奖励等的激励作用
B. 过关升级对成就感和成长需求的满足
C. 场景画面和音乐等的吸引
D. 组队打怪等合作机制对归属感的满足
E. 角色扮演提供了自我实现的机会
F. 可以结交新的朋友
G. 装备拍卖等对现实市场的模拟
依赖于第3题的 A、B、C 选项。

7. 从奖金额度和社会认可度两个角度考虑，你如何看待贵校或者国内奖学金及各种竞赛？

　　A. 奖金和社会认可度都不高

　　B. 奖金较为满意，社会认可度不高

　　C. 社会认可度较为满意，奖金不高

　　D. 奖金和社会认可度都较为满意

8. 国内奖学金和学科竞赛的奖励金额和社会认可度对你是否有激励作用？

　　A. 不存在激励作用　　　　　　B. 激励作用不明显

　　C. 有一定激励作用

9. 在校园生活中你是否有过孤独感？

　　A. 经常　　　　B. 有时　　　　C. 很少　　　　D. 没有

10. 你会通过玩网游来摆脱生活中的孤独感吗？

　　A. 经常　　　　B. 有时　　　　C. 很少　　　　D. 没有

依赖于第 3 题的 A、B、C 选项。

11. 你是否希望学校有更好的团队建设以消除孤独感增强归属感？

　　A. 很希望　　　B. 有点希望　　C. 无所谓　　　D. 不希望

依赖于第 3 题的 D 选项。

12. 你认为加强校园团队建设能否替代网络游戏带给你的归属感和人际交往需求的满足？

　　A. 完全可以替代　　　　　　　B. 不完全可以

　　C. 基本不可以　　　　　　　　D. 完全不可以

依赖于第 3 题的 A、B、C 选项。

13. 你对上过的某一门课程缺乏兴趣的原因可能有（多选）[多选题]：

　　A. 对课程本身不感兴趣

　　B. 课程难度太大

　　C. 老师上课照本宣科，讲课毫无新意

　　D. 课堂气氛沉闷，缺少师生互动交流

14. 你认为提升教学艺术、活跃课堂氛围能否提升对不喜欢课程的兴趣？

　　A. 有很大作用　B. 有点作用　　C. 作用不大　　D. 没作用

15. 你是否参加过实习？

　　A. 是　　　　　B. 否

16. 选择实习你比较看重的是：

　　A. 工资　　　　　　　　　　　B. 与专业结合程度

　　C. 自己的兴趣　　　　　　　　D. 工作环境与同事关系

E. 能否学到东西

17. 理论性教学与实践教学你更喜欢哪一种？
    A. 都喜欢　　　　B. 理论性　　　　C. 实践性　　　　D. 都不喜欢

18. 实习的原因中希望有更清楚的职业生涯规划大概占多大比重？
    A. 20%以下　　　B. 20%~50%　　　C. 50%~80%　　　D. 80%以上

19. 你在评优竞选中是否遇到过不公平的现象？
    A. 经常　　　　　B. 有时　　　　　C. 很少　　　　　D. 没有

20. 当不公平现象发生而又无力改变时你的表现是：
    A. 无所谓　　　　　　　　　　　B. 虽有不甘，但是被迫接受
    C. 积极性受影响　　　　　　　　D. 想逃避现实，寻找公平

21. 如果校园学习生活可以满足你的归属感、公平性追求等各种心理需求，你的校园生活满意度是否会提高？
    A. 有很大程度提高　　　　　　　B. 有所提高
    C. 稍微提高　　　　　　　　　　D. 没有影响

    依赖于第3题的D选项。

22. 如果校园学习生活与网络游戏同样可以满足你的归属感、公平性追求等各种心理需求，你是否愿意将网游的部分精力转移到现实校园生活上？
    A. 非常愿意　　　B. 可以转移　　　C. 只会稍微转移　　D. 不愿意

    依赖于第3题的A、B、C选项。

参考文献

[1] 陶宏开专家称网游的危害是毒品的10倍[EB/OL].[2022-01-22].http://blog.sina.com.cn/s/blog_454e841b0100mihn.html.

[2] 王世颖.人本游戏：游戏让世界更美好[M].北京：电子工业出版社,2014.

[3] 齐林泉,刘好光.阳光下的疼痛与财富后的忧思[EB/OL].[2022-03-02].http://learning.sohu.com/20050628/n226109937.shtml.

[4] 2007年以来中国网游发展迅猛[EB/OL].[2022-03-02].http://blog.sina.com.cn/s/blog_4e721fec010085fj.htmls.

[5] 中国游戏收入是电影三倍多：一半公司或走向消亡[EB/OL].[2022-02-01].http://games.sina.com.cn/ol/n/2016-01-21/fxnuvxh5053714.shtml.

[6] 纳兰容若.上海北京天津历年GDP和人均GDP一览（1978—2011）[EB/OL].[2021-10-11].http://xxw3441.blog.163.com/blog/static/75383624201229108 44913/.

[7] 易守华.网络游戏纷争演变为现实仇杀[EB/OL].[2021-09-17].http://www.cq.xinhuanet.com/news/2005-06/16/content_4451683.htm.

[8] 合肥警方公布沉迷网游练胆杀人事件案情[EB/OL].[2021-11-23].http://v.qq.com/page/n/i/5/n0165a2uk5i.html.

[9] 青少年沉迷网络游戏致恶性事件频发[EB/OL].[2021-11-23].http://news.sina.com.cn/c/2009-12-24/093619328697.shtml.

[10] 出国留学只会打游戏 70万培养出一个留学垃圾[EB/OL].[2021-11-23].http://www.xinli110.com/yx/zlal/201108/246456.html.

[11] 梁梁.清明悲剧：母亲从网吧拽出儿子后母子相继投江[EB/OL].[2021-12-01].http://news.xinhuanet.com/politics/2014-04/08/c_126365361.htm.

[12] 河南少年沉迷网络游戏 卖肾换钱买网游装备[EB/OL].[2021-12-01].http://zjnews.zjol.com.cn/05zjnews/system/2012/05/17/018495865.shtml.

[13] 全球网瘾国家排名出炉：中国仅排第十位[EB/OL].[2021-10-

17]．http：//www．gamersky．com/news/201412/496142．shtml．

[14] 中国网瘾少年达4000万 一个陶教授已忙不过来［EB/OL］．［2021-11-20］．http：//www．gamersky．com/news/201411/492937．shtml．

[15] 梁梁．母亲网吧内拽出儿子 母子两人相继投江［EB/OL］．［2021-11-20］．http：//news．sohu．com/20140408/n397869911．shtml．

[16] 刘国庆．城管科长沉迷网游花超1 500万元因贪污受贿获刑［EB/OL］．［2021-11-23］．http：//www．tngou．net/top/show/1007．

[17] 秦川．网游装备可投保，最高获赔3万元［EB/OL］．［2021-12-11］．http：//news．sina．com．cn/o/2013-06-18/131927430812．shtml．

[18] 专访北京师范大学沈绮云教授［EB/OL］．［2021-10-22］．http：//b2b．toocle．com/detail-4687121．html．

[19] 凌纪伟．甘中学：人机融合、发展智能机器人是大势所趋［EB/OL］．［2021-11-09］．http：//news．xinhuanet．com/tech/2016-06-01/c_129033603．htm．

[20] 外国专家谈中国青少年沉迷网游：都是教育的错［EB/OL］．［2021-11-10］．http：//www．gamersky．com/news/201404/355704．shtml．

[21] 父母一定注意！可能会毁了孩子的十大游戏［EB/OL］．［2021-11-10］．http：//news．17173．com/content/2012-03-26/20120326010758342_all．shtml#pageanchor1．

[22] 亚当斯，多曼．游戏机制：高级游戏设计技术［M］．石曦，译．北京：人民邮电出版社，2014．

[23] 戴朝护．大学生心理健康［M］．北京：北京大学出版社，2011．

[24] 朱樱琼．当代大学生心理健康现状的分析与教育［D］．南昌：江西师范大学，2006．

[25] 马斯洛．动机与人格［M］．许金生，等译．北京：中国人民大学出版社，2012．

[26] 王晴川，周群．网络沉溺形成机制探析及相关模型建构［J］．现代传播（中国传媒大学学报），2012（8）：113-116．

[27] 李一．网络沉溺的生成机制及社会对策［J］．广东社会科学，2002（5）：144-148．

[28] 何义芳，计惠民，金淑萍，等．大学生病理性网络使用发生机制的研究进展［J］．白求恩军医学院学报，2012，10（1）：49-51．

[29] 傅家宝，金良怡，宋永喜．大学生网络成瘾综合征的心理研究综述［J］．中国现代医生，2007，45（2）：67-69．

［30］高鸣，成科扬．大学生网络游戏沉迷分析及有效干预［J］．中国高等教育，2007（21）：26-28．

［31］孙靖．网络游戏产业的发展与管理研究［J］．同济大学学报（社会科学版），2007（1）：101-106．

［32］魏华，周宗奎，田媛，等．网络游戏成瘾沉浸的影响及其作用机制［J］．心理发展与教育，2012（6）：651-657．

［33］李贵兰，宋小花．建立预防大学生网络游戏成瘾的利益驱动机制［J］．中北大学学报（社会科学版），2010，26（5）：85-89．

［34］蔡莉，陈永波，梁宇．基于 Flash 的教育网络游戏设计与开发［J］．中国电化教育，2009（12）：115-119．

［35］张红霞，谢毅．动机过程对青少年网络游戏行为意向影响模型［J］．心理学报，2008（12）：1275-1286．

［36］陈国强．也谈网络游戏于网络教育中的作用［J］．电化教育研究，2004（10）：64-66．

［37］孙圆媛，左明章．网络游戏的教育应用研究［J］．中国电化教育，2006（7）：81-83．

［38］马颖峰，贺宝勋．网络游戏式活动课程：游戏与教育结合平衡点探微［J］．现代教育技术，2005（6）：37-40．

［39］杨国庆．如何设计一个比较完备的、有用户黏性的用户激励体系？［EB/OL］．［2021-09-21］．http：//www.zhihu.com/question/19575650/answer/52316347．

［40］李红梅．网络虚拟性对人的全面发展的阻抗［J］．兰州学刊，2009（11）：62-64．

［41］吴小玲．网络、游戏和网络游戏［J］．当代传播，2006（1）．

［42］方正．大学生网络游戏成瘾因素研究［D］．合肥：中国科学技术大学，2009．

［43］杨岚．网络游戏中的角色扮演［D］．兰州：兰州大学，2009．

［44］李红梅．网络虚拟性对人的全面发展的阻抗［J］．兰州学刊，2009（11）：62-64．

［45］魔兽 6.0 要塞系统：各建筑解锁条件花费［EB/OL］．［2021-10-01］．http：//wow.178.com/201410/208029344788.html．

［46］王星星．网络游戏中的交互设计研究［D］．武汉：华中科技大学，2013．

［47］周颖，江绍祥，张大林．网络游戏评价模型及指标权重研究［J］．

中国电化教育，2015（5）：62-66.

［48］辞海编辑委员会. 辞海1979版缩印本［M］. 上海：上海辞书出版社，1980.

［49］任务（游戏术语）［EB/OL］.［2021-10-23］. http：//baike. baidu. com/link? url＝MYrpnmhFUl9dG42p－gflcrFjdp_vTzfQ8cLtZpaJ8sr5cX4qQvwwpNmGF6J1BGZv3Be3xMdOVncpr9u_T_qh1vmLLC20ICxaTkkbimkX3mi#3.

［50］范蕾. 青少年网络游戏成瘾形成心理动因初探［D］. 北京：首都师范大学，2013.

［51］新兵训练营［EB/OL］.［2021-10-24］. http：//www. wowchina. com/wow/newbie/class.

［52］刀剑2世界背景［EB/OL］.［2021-10-24］. http：//d2. qq. com/act/20130801guide/.

［53］《幻想世界》每日签到拿大礼 五亿经验入袋［EB/OL］.［2021-11-12］. http：//news. 17173. com/content/2012-04-12/ 20120412141347030. shtml.

［54］王月丰. 互联网产品交互设计中反馈机制的研究［D］. 无锡：江南大学，2012.

［55］何帆. 先放一把火［M］. 北京：中信出版社，2015.

［56］樊富珉，费俊峰. 大学生心理健康十六讲［M］. 北京：高等教育出版社，2013.

［57］暴雪场景设计师专访：德拉诺之王要塞核心设计［EB/OL］.［2021-10-24］. http：//ol. tgbus. com/yxr/insider/201402/13504831. shtml.

［58］郭曾，林文诗. 浅析青少年网游成瘾者的心理［J］. 科教文汇，2013（10）：180-184.

［59］张宏如. 大学生网络游戏成瘾的心理学分析［J］. 中国青年研究，2007（12）：78-81.

［60］张津. "潘多拉魔盒"还是"阿拉丁神灯"？［D］. 福州：福建师范大学，2008.

［61］李燕. 略论音乐对青少年成长的作用［J］. 河北师范大学学报（教育科学版），2001，3（2）.

［62］怀曼. 卓越游戏设计剖析［M］. 李鑫，译. 北京：人民邮电出版社，2014.

［63］马斯洛. 马斯洛人本哲学［M］. 成明，译. 北京：九州出版社，2003.

［64］任娟. 当代大学生社会实践教育研究［D］. 西安：陕西科技大

学，2014.

[65] 黄艳. 中国"80"后大学教师胜任力评价研究 [M]. 北京：中国社会科学出版社，2013.

[66] 宋晓辉. 大学生团队建设的若干思考 [J]. 科技信息，2013 (1)：211-212.

[67] 刘德赢. 中外奖学金制度的对比分析及启示 [J]. 长春大学学报，2009 (2)：88-90.

[68] 王玉. 提高高校奖学金制度激励有效性探究 [D]. 天津：天津师范大学，2012.

[69] 刘德赢. 中外奖学金制度的对比分析及启示 [J]. 长春大学学报，2009 (2)：88-90.

[70] 王彦梅. 从公平理论浅谈高校大学生评优评奖问题 [J]. 佳木斯教育学院学报，2012 (7)：175-177.

[71] 沉迷网游引发社会事件 责任究竟归谁？[EB/OL]. [2021-11-02]. http：//article.pchome.net/content-1491972.html.

[72] 文化部信息产业部关于网络游戏发展和管理的若干意见 [EB/OL]. [2021-11-02]. http：//www.cac.gov.cn/2015-02/05/c_1114267591.htm.

[73] 关于保护未成年人身心健康实施网络游戏防沉迷系统的通知 [EB/OL]. [2021-11-02]. http：//www.mayang.gov.cn/Item/2873.aspx.

[74] 跳楼与网游：对跳楼事件与防沉迷系统之思考 [EB/OL]. [2021-11-04]. http：//wow.duowan.com/0711/58964626173.html.

[75] 李欣，赵颖彦. 上有"防沉迷"政策 下有"买信息"对策 [EB/OL]. [2021-11-04]. http://old.jfdaily.com/gb/jfxww/xlbk/shfzb/node26398/node26400/userobject1ai1729966.html.

[76] 十大最不适合孩子们的游戏 [EB/OL]. [2021-12-11]. http://top.china-10.com/273409.html.

[77] 十大少儿不宜少儿最宜游戏评选 [EB/OL]. [2021-12-11]. http：//www.962.net/html/111345_a ll.html.

[78] 十大少儿不宜含有成人内容的游戏 [EB/OL]. [2021-12-11]. http：//www.morningpost.com.cn/2015/0908/992264.shtml.

[79] 抵制沉溺网游倡议书 [EB/OL]. [2021-12-11]. http：//wenku.baidu.com/link?url=BShcWZ T386OcLGiTRZZvHLdWUNG1FYBZFNgyeT1vmx-vEJphSx USkf3m_v5GEOheYgq2swaRt1D 8cRGA0rAk7TiaVOqJTh6BquzwRqUsNT_.

[80] 抵制不健康网络游戏在行动 [EB/OL]. [2021-11-20]. http：//

wenku. baidu. com/link？url = NNPHD5SgeWUn_oYHlTZ76bRvNB1uzkppY7GrMJWI jwLg5x8OT3gyhauNfl4X7mTxAEkkBr4Eh0Pcjbk4xi4X_kvhuATkm1kMaUcoUSSIRYa.

［81］电子游戏将引领未来的文化潮流［EB/OL］.［2021-11-20］. http：//cul. qq. com/a/20151010/032451. htm？pgv_ref=aio2015 &ptlang=2052.

［82］国家新闻出版署有关负责人就《关于进一步严格管理 切实防止未成年人沉迷网络游戏的通知》答记者问［EB/OL］.［2021-08-30］. http：// www. nppa. gov. cn/nppa/contents/719/98788. shtml.

［83］新华网. 礼赞百年风华 谱写时代新篇：2021年宣传思想工作综述［EB/OL］.［2021-11-20］. http：//www. nppa. gov. cn/nppa/contents/719/102991. shtml.

［84］国家新闻出版署关于防止未成年人沉迷网络游戏的通知［EB/OL］.［2021-10-25］. http：//www. nppa. gov. cn/nppa/contents/279/74483. shtml.

［85］中央宣传部、国家新闻出版署有关负责人约谈腾讯、网易等游戏企业和平台［EB/OL］.［2021-09-09］. http：//www. nppa. gov. cn/nppa/contents/719/98939. shtml.

［86］花季女生沉迷网游只为报复妈妈［EB/OL］.［2021-10-21］. http：//www. boosj. com/667438_d. html.

［87］网络游戏毁了我的孩子［EB/OL］.［2021-10-21］. http：//b2b. toocle. com/detail--4687101. html.

［88］网络游戏纷争演变为现实仇杀游戏玩到杀死玩家［EB/OL］. http：//www. c q. xinhuanet. com/news/2005-06/16/content_4451683. htm.

［89］温州网络游戏杀人事件调查［EB/OL］.［2021-11-03］. http：// www. xinli110. com/yx/xlzl/zlal/201108/246453. html.

［90］央视东方时空曝光摩尔庄园使儿童沉迷事件［EB/OL］.［2021-11-03］. http：//news. 4399. com/moerzhuangyuan/jingyanxinde/200911-25-50639. html.

［91］网游公司员工被打病危 文化部发《通知》整治网游［EB/OL］.［2021-11-03］. http：//www. 100ec. cn/detail--4658205. html.

［92］Erica Jacobs. Video game addiction swells numbers of college dropouts ［EB/OL］.［2022-01-21］. http：//washingtonexaminer. com/education/2010/11/erica-jacobs-video-game-addiction-swells-num bers-college-dropouts.

［93］Vietnamese boy, 13, kills woman for money to play video games ［EB/OL］.［2022-01-21］. http：//www. earthtimes. org/articles/news/144906. html.

［94］Addicted：suicide over everquest［EB/OL］.［2022-09-23］. http：//

www.cbsnews.com/stories/2002/10/17/48hours/main525965.shtml.

[95] KIM J, LEE J, OH S. A path model of school violence perpetration: introducing online game addiction as a new risk factor [J]. Journal of interpersonal violence, 2015 (1).

[96] LEE Z, CHEUNG C, CHAN T. Massively multiplayer online game addiction: instrument development and validation [J]. Information & management, 52 (4): 413.

[97] HYUN G, HAN D, LEE Y, et al. Risk factors associated with online game addiction: a hierarchical model [J]. Computers in human behavior, 2015 (48): 706.

[98] YEE N. The psychology of massively multi-user online role-playing games: motivations, emotional investment, relationships and problematic usage [J]. Avatars at work and play: computer supported cooperative work, 2007 (1): 187-207.

[99] COLE H, GRIFFITHS M D. Social interactions in massively multiplayer online role-playing gamers [J]. Cyber psychology & behavior, 2007 (10): 575-583.

[100] KIM E J. The relationship between online game addiction and aggression, self-control and narcissistic personality traits [J]. European psychiatry, 2008 (23): 212-218.

[101] CHUANG Y C. Massively multiplayer online role-playing game-induced seizures: a neglected health problem in internet addiction [J]. Cyber psychology & behavior, 2006 (9): 451-456.

[102] HUNG Y L, CHI H C. Analyzing behaviors influencing the adoption of online games from the perspective of virtual contact [J]. Social behavior and personality, 2013, 41 (1): 113-122.

[103] JING D Z, HOCK C C. Government regulation of online game addiction [J]. Communications of the association for information systems, 2012 (30): 187-198.

[104] What Americans do online: social media and games dominate activity [EB/OL]. [2021-12-11]. http://blog.nielsen.com/nielsenwire/online_mobile/what-americans-do-online-social-media-and-games-dominate-activity/.

[105] Facebook has more than 600 million users, goldman tells clients [EB/OL]. [2021-11-08]. http://www.businessinsider.com/facebook-has-more-than-

600-million-users-goldman-tells-clients-2011-1.

［106］Essential facts about the computer and video game industry［EB/OL］.［2021-11-08］. http：//www. theesa. com/facts/pdfs/ESA_EF_2009. pdf.

［107］2010 annual game survey［EB/OL］.［2021-12-11］. http：//www. blockdot. com/.

［108］HUNG Y L, CHI H C. Analyzing behaviors influencing the adoption of online games from the perspective of virtual contact［J］. Social behavior and personality, 2013, 41（1）：113-122.

［109］JENG S P, TENG C I. Personality and motivations for playing online games［J］. Social behavior and personality：an international journal, 2008（36）：1053-1060.

［110］MEHROOF M, GRIFFITHS M D. Online gaming addiction：the role of sensation seeking, self-control, neuroticism, aggression, state anxiety, and trait anxiety［J］. Cyber psychology behavior and social networking, 2010（13）：313-316.

［111］CHANG Y P, ZHU D H, WANG H S. The influence of service quality on gamer loyalty in massively multiplayer online role-playing games［J］. Social behavior and personality：an international journal, 2011（39）：1297-1302.

［112］DAVIS F D. A technology acceptance model for empirically testing new end-user information systems：Theory and results［J］. Unpublished doctoral dissertation, 1986（1）.

［113］HSU C L, LU H P. Why do people play on-line games? An extended TAM with social influences and flow experience［J］. Information & management, 2004（41）：853-868.

［114］LEE W, XIONG L, HU C. The effect of facebook users' arousal and valence on intention to go to the festival：applying an extension of the technology acceptance model［J］. International journal of hospitality management, 2012（31）：819-827.

［115］SEGARS A H, GROVER V. Re-examining perceived ease of use and usefulness：confirmatory factor analysis［J］. MIS quarterly, 1993（17）：517-525.

［116］FISHBEIN M, AJZEN I. Belief, attitude, intention, and behavior：An introduction to theory and research［J］. Reading, 1975（1）.

［117］VENKATESH V, DAVIS F D. A theoretical extension of the technology acceptance model: four longitudinal field studies [J]. Management Science, 2000 (46): 186-204.

[118] SHERIDAN T. Human supervisory control of robot systems [J]. Robotics and automation, 1986 (3): 808-812.

[119] KENG C J, LIN H Y. Impact of telepresence levels on internet advertising effects [J]. Cyber psychology & behavior, 2006 (9): 82-94.

[120] LIEBERMAN J N. Playfulness: its relationship to imagination and creativity [M]. New York: Academic Press, 1977.

[121] CHAN S, LU M T. Understanding Internet banking adoption and use behavior: a Hong Kong perspective [J]. Journal of global information management, 2004 (12): 21-43.

[122] MOON J W, KIM Y G. Extending the TAM for a world-wide-web context [J]. Information & management, 2001 (38): 217-230.

[123] MALONE T W. Toward a theory of intrinsically motivating instruction [J]. Cognitive science, 1981 (5): 333-369.

[124] HOFFMAN D L, NOVAK T P. Marketing in hypermedia computer-mediated environments: conceptual foundations [J]. Journal of marketing, 1996 (60): 50-68.

[125] STEUER J. Defining virtual reality: dimensions determining telepresence [J]. Journal of communication, 1992 (42): 73-93.

[126] WARSHAW P R. A new model for predicting behavioral intentions: an alternative to fishbein [J]. Journal of marketing research, 1980 (17): 153-172.

[127] KLEIN L R. Creating virtual experiences in the new media: a thesis [D]. Cambridge: Harvard University, 1999.

[128] RUBIN A M, STEP M M. Impact of motivation, attraction, and parasocial interaction on Talk Radio listening [J]. Journal of broadcasting & electronic media, 2000 (44): 635-654.

[129] FAIOLA A. When escape seems just a mouse-click away [EB/OL]. [2021-09-21]. http://www.washingtonpost.com/wp-dyn/content/article/2006/05/26/AR2006052601960.html.

[130] GRUSSER S M, THALEMANN R, GRIFFITHS M D. Excessive computer game playing: evidence for addiction and aggression? [J]. Cyber psychology & behavior, 2006 (10): 290-292.

[131] YOUNG K. Understanding online gaming addiction and treatment issues

for adolescents [J]. The American journal of family therapy, 2009, 5 (37): 355-372.

[132] CHAPPELL D, et al. Ever quest: it's just a computer game, right? An interpretative phenomenological analysis of online gaming addiction [J]. International journal of mental health and addiction, 2006, 3 (4): 205-216.

[133] ANDERSON C A, BUSHMAN B J. Effects of violent video games on aggressive behavior, aggressive cognition, aggressive affect, physiological arousal, and prosocial behavior: a meta-analytic review of the scientific literature [J]. Psychological science, 2001, 5 (12): 353-359.

[134] OLSON C K, et al. Factors correlated with violent video game use by adolescent boys and girls [J]. Journal of adolescent health, 2007, 1 (41): 77-83.

[135] JACOBS D F. A general theory of addictions: a new theoretical model [J]. Journal of gambling behavior, 1986, 1 (2): 15-31.

[136] WILLIAMS D. Groups and goblins: the social and civic impact of an online game [J]. Journal of broadcasting and electronic media, 2006, 4 (50): 651-670.

[137] GRIFFITHS M D. A "Components" model of addiction within a biopsychosocial framework [J]. Journal of substance use, 2005, 4 (10): 191-197.

[138] HUSSAIN Z, GRIFFITHS M D. Excessive use of massively multi-player online role-playing games: a pilot study [J]. International journal of mental health and addiction, 2009, 4 (7): 563-571.

[139] TREVINO L K, WEBSTER J. Flow in Computer-mediated communication: electronic mail and voice mail evaluation and impacts [J]. Communication research, 1992, 5 (19): 539-573.

[140] WAN C S, CHIOU W B. Psychological motives and online games addiction: a test of flow theory and humanistic needs theory for Taiwanese adolescents [J]. Cyber psychology & behavior, 2006, 3 (9): 317-324.

[141] SULER J R. To get what you need: healthy and pathological internet use [J]. Cyber psychology & behavior, 1999, 5 (2): 355-393.

[142] JUNG J Y, et al. The influence of social environment on internet connectedness of adolescents in Seoul, Singapore and Taipei [J]. New media and society, 2005, 1 (7): 64-88.

[143] YEN J Y, et al. Family factors of internet addiction and substance use experience in Taiwanese adolescent [J]. Cyber psychology & behavior, 2007, 3 (10): 323-329.

[144] Online gamers "are not unhealthy" [EB/OL]. [2021-10-11]. http://news.bbc.co.uk/2/hi/health/7621412.stm.

[145] LO S K, WANG C C, FANG W C. Physical interpersonal relationships and social anxiety among online game players [J]. Cyber psychology & behavior, 2005, 1 (8): 15-20.

[146] CHAN P A, RABINOWITZ T. A cross-sectional analysis of video games and attention deficit hyperactivity disorder symptoms in adolescents [J]. Annals of general psychiatry, 2006, 16 (5).

[147] Beijing clinic ministers to online addicts [EB/OL]. [2021-09-17]. http://www.msnbc.msn.com/id/8430811.

[148] South Korean man dies after games session [EB/OL]. [2021-09-17]. http://news.bbc.co.uk/2/hi/technology/4137782.stm.

[149] THOMSON L. Chinese gamer dies after three-day session [EB/OL]. [2021-09-23]. http://www.v3.co.uk/vnunet/news/2198850/chinese-man-dies-three-days.

[150] KOHN D. Addicted: suicide over everquest [EB/OL]. [2021-09-17]. http://www.cbsnews.com/stories/2002/10/17/48hours/main525965.shtml.

[151] BERGHAMMER B. Nintendo getting sued over wrongful death [EB/OL]. [2021-09-23]. http://www.nintendo worldreport.com/news/7043.

[152] WILLIAMS D, SKORIC M. Internet fantasy violence: a test of aggression in an online game [J]. Communication monographs, 2005, 72 (2): 217-233.

[153] Jacksonville mom shakes baby for interrupting farm ville, pleads guilty to murder [EB/OL]. [2021-12-11]. http:/jacksonville.com/news/crime/2010-10-27/story/jacksonville-mom-shakes-baby-interrupting-farmvillepleads-guilty-murder.

[154] Man attacks mother over world of warcraft, shot by grandfather [EB/OL]. [2021-09-11]. http://www.dreamindemon.com/2010/02/15/man-attacks-mother-over-world-of-warcraft-shot-by-grandfather/.

[155] Chinese gamer sentenced to life [EB/OL]. [2021-12-03]. http://news.bbc.co.uk/2/hi/technology/4072704.stm.

[156] CHEN Y C, et al. An analysis of online gaming crime characteristics [J]. Internet research, 2005, 3 (15): 246-261.

[157] JIN J. Online stealing game leads to theft in real world [EB/OL]. [2021-09-29]. http：//china. globaltimes. cn/news/2010-10/581726. html.

[158] Safer children in a digital world [EB/OL]. [2021-09-29]. http：//www. scribd. com/doc/2398812/Safer-Children-in-a-DigitalWorld-The-Report-of-the-Byron-Review.

[159] Pan European game information [EB/OL]. [2021-09-29]. http：//en. wikipedia. org/wiki/PEGI#cite_note-2.

[160] Entertainment software rating board [EB/OL]. [2021-09-29]. http：//en. wikipedia. org/wiki/Entertainment_Software_Rating_ Board.

[161] Online gaming in the People's Republic of China [EB/OL]. [2021-09-29]. http：//en. wikipedia. org/wiki/Online_gaming_in_the_ People%27s_Republic_of_China#General_Administration_of_Press_and_Publication.

[162] Anti-online game addiction system proves to be effective in China [EB/OL]. [2021-12-11]. http：//news. xinhuanet. com/ english/2009-03/20/content_11044484. htm.

[163] Game operators receive anti-addiction system warnings [EB/OL]. [2021-12-11]. http：//www. chinacsr. com/en/2007/07/27/1539-game-operators-receive-anti-addiction-system-warnings/.

[164] ALEXANDER L. Vietnamese gov't puts curfew on online gaming [EB/OL]. [2021-12-11]. http：//www. gamasutra. com/view/news/33143/Vietnamese_Govt_Puts_Curfew_On_Online_Gaming. php.

[165] South Korean online gaming teen curfew passes committee vote [EB/OL]. [2021-12-11]. http：//www. gamepolitics. com/2011/04/25/south-korean-online-gaming-teen-curfew-passes-committee-vote.

[166] Videogame addiction clinic opens [EB/OL]. [2021-12-13]. http：//news. bbc. co. uk/2/hi/technology/5191678. stm.

[167] PAMOUKAGHLIAN V. Social network addiction：a scientific no man's land [EB/OL]. [2021-09-13]. http：//brainblogger. com/2011/01/07/social-network-addiction-a-scientific-no-mans-land/.

[168] EISENBERG M. Computational diversions：web fame, web games [J]. International journal of computers for mathematical learning, 2009, 14 (1)：61.

[169] GENTILE D A. Pathological video-game use among youth ages 8 to 18：a national study [J]. Psychol sci, 2009 (20)：594-602.

[170] GRÜSSER S M, THALEMANN R, GRIFFITHS M D, et al. Excessive computer game playing: evidence for addiction and aggression [J]. Cyber psychology & behavior, 2007 (10): 290.

[171] LEMMENS J S, VALKENBURG P M, PETER J, et al. Development and validation of a game addiction scale for adolescents [J]. Media psychology, 2009 (12): 77–95.

[172] HUSSAIN Z, GRIFFITHS M D. The attitudes, feelings, and experiences of online gamers: a qualitative analysis [J]. Cyber psychology & behavior, 2009 (12): 747–757.

[173] PETERS C S, MALESKY A. Problematic usage among highly-engaged players of massively multiplayer online role playing games [J]. Cyber psychology & behavior, 2008 (11): 481–484.

[174] EIJNDEN R J, SPIJKERMAN R, VERMULST A A, et al. Compulsive internet use among adoles cents: bidirectional parent–child relationships [J]. Abnorm child psychol, 2009 (38): 77–89.

[175] WOOD R. Problems with the concept of video game "addiction": some case study examples [J]. Int J ment health addiction, 2008 (6): 169–178.

[176] CHAPPELL D, EATOUGH V, DAVIES M N O, et al. EverQuest—it's just a computer game right? An interpretative phenomenological analysis of online gaming addiction [J]. Int J ment health addiction, 2006 (4): 205–216.

[177] LEE M, KO Y H, SONG H S, et al. Characteristics of internet use in relation to game genre in Korean adolescents [J]. Cyber psychology & behavior, 2007 (10): 278–285.

[178] LONGMAN H, O'CONNOR E, OBST P, et al. The effect of social support derived from world of warcraft on negative psychological symptoms [J]. Cyber psychology & behavior, 2009 (12): 563–566.

[179] WAN C, CHIOU W. Why are adolescents addicted to online gaming? An interview study in Taiwan [J]. Cyber psychology & behavior, 2006 (9): 762–766.

[180] LIM S, LEE J R. When playing together feels different: effects of task types and social contexts on physiological arousal in multiplayer online gaming contexts [J]. Cyber psychology & behavior, 2009 (12): 59–61.

[181] WANG C. Helping others in online games: prosocial behavior in cyberspace [J]. Cyber psychology & behavior, 2008 (11): 344–346.

[182] BLASZCZYNSKI A. Commentary: a response to problems with the concept of video game addiction: some case study examples [J]. Int J ment health addiction, 2008 (6): 179-181.

[183] TURNER N. A comment on problems with the concept of video game addiction: some case study examples [J]. Int J ment health addiction, 2008 (6): 186-190.

[184] KO C, YEN J, CHEN C, et al. Predictive values of psychiatric symptoms for internet addiction in adolescents: a 2-year prospective study [J]. Archives of pediatrics & adolescent medicine, 2009 (163): 937-943.

[185] GRIFFITHS M D, HUNT N. Dependence on computer games by adolescents [J]. Psychological reports, 1998 (82): 475-480.

[186] VAN A J, SCHOEMAKERS T M, VAN R J, et al. Compulsive internet use: the role of online gaming and other internet applications [J]. Yearbook of pediatrics, 2010 (47): 51-57.

[187] MEERKERK G J, VAN R J, VERMULST A A, et al. The compulsive internet use scale (CIUS): some psychometric properties [J]. Cyber psychology & behavior, 2009 (12): 1-6.

[188] KIM H, DAVIS K E. Toward a comprehensive theory of problematic internet use: evaluating the role of selfesteem, anxiety, flow, and the self-rated importance of internet activities [J]. Computers in human behavior, 2009 (25): 490-500.

[189] ROSENBERG M. Society and the adolescent self-image [M]. Middletown: Wesleyan University Press, 1989.

[190] GHASSEMZADEH L, SHAHRARAY M, MORADI A, et al. Prevalence of internet addiction and comparison of internet addicts and non-addicts in Iranian high schools [J]. Cyber psychology & behavior, 2008 (11): 731-733.

[191] ENGELS R C, FINKENAUER C, MEEUS W, et al. Parental attachment and adolescents' emotional adjustment: the associations with social skills and relational competence [J]. Journal of counseling psychology, 2001 (48): 428-439.

[192] KANDEL D B, DAVIES M. Epidemiology of depressive mood in adolescents: an empirical study [J]. Arch gen psychiatry, 1982 (39): 1205-1212.

[193] KANDEL D B, DAVIES M. Adult sequelae of adolescent depressive symptoms [J]. Arch gen psychiatry, 1986 (43): 255-262.

[194] LA A M, DANDES S K, WICK P, et al. Development of the social anxiety scale for children: reliability and concurrent validity [J]. Journal of clinical child psychology, 1988 (17): 84-91.

[195] LA A M, STONE W L. Social anxiety scale for children revised: factor structure and concurrent validity [J]. Journal of clinical child psychology, 1993 (22): 17-27.

[196] GROSS E F. Adolescent internet use: what we expect, what teens report [J]. Journal of applied developmental psychology, 2004 (25): 633-649.

[197] MARSH H, LUDTKE O, TRAUTWEIN U, et al. Classical latent profile analysis of academic self-concept dimensions: synergy of person-and variable-centered approaches to theoretical models of self-concept [J]. Structural equation modeling A multidisciplinary, 2009 (16): 191-225.

[198] VAN H, VERMULST A A, MEEUS W, et al. Identification and prediction of drinking trajectories in early and mid-adolescence [J]. Journal of clinical child psychology, 2009 (38): 329-341.

[199] SCHWARZ G. Estimating the dimension of a model [J]. The annais of statistics, 1978 (6): 461-464.

[200] NYLUND K L, ASPAROUHOV T, MUTHÉN B O. Deciding on the number of classes in latent class analysis and growth mixture modeling: a monte carlo simulation study [J]. Structural equation modeling A multidisciplinary, 2007 (14): 535-569.

[201] ASPAROUHOUV T., MUTHÉN B O. Wald test of mean equality for potential latent class predictors in mixture modeling [EB/OL]. [2021-09-23]. http://www.statmodel.com/download/MeanTest1.pdf.

[202] JANSZ J. The emotional appeal of violent video games for adolescent males [J]. Commun theory, 2005 (15): 219-241.

[203] CAPLAN S E. Relations among loneliness, social anxiety, and problematic internet use [J]. Cyber psychology & behavior, 2007 (10): 234-342.

[204] CAPLAN S E. Preference for online social interaction: a theory of problematic internet use and psychosocial wellbeing [J]. Communication research, 2003 (30): 625-648.

[205] PODSAKOFF P M, MACKENZIE S B, LEE J Y, et al. Common method biases in behavioral research: a critical review of the literature and recommended

remedies [J]. Journal of applied developmental psychology, 2003 (88): 879-903.

[206] American psychiatric association Development [EB/OL]. [2021-10-22]. http://www.dsm5.org/ProposedRevisions/Pages/Substance-RelatedDisorders.aspx.